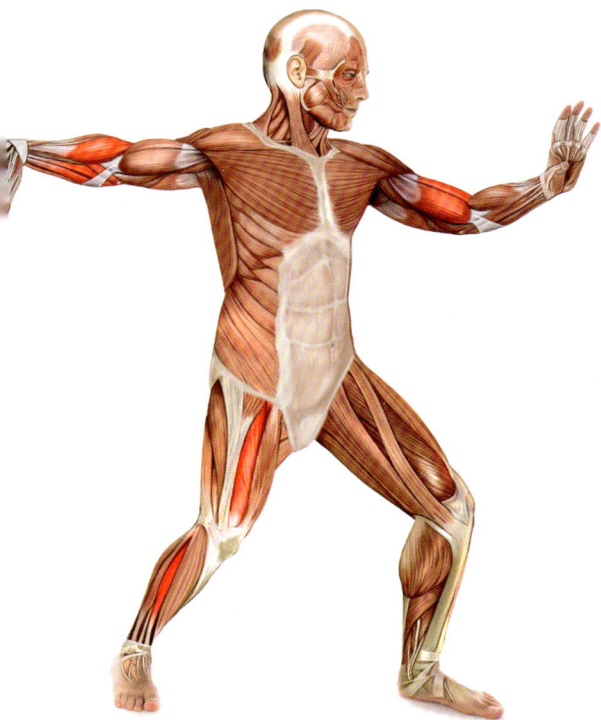

太极拳

ANATOMÍA & TAI CHI

肌肉解剖图解

〔西〕伊莎贝尔·罗梅罗·阿尔比奥尔
〔西〕大卫·柯托·塞卡内拉 著
〔西〕努里亚·科拉尔·费雷尔

刘旭彩 胡志华 译
王东敏 审

北京科学技术出版社

Original Spanish title: ANATOMÍA & TAI CHI

Text: David Curto Secanella and Isabel Romero Albiol

Illustrator: Myriam Ferrón

Photographies: Nos i Soto

Scientific review: Prof. Víctor Götzens

Physiotherapist: Núria Coral Ferrer

©Copyright 2017 Editorial Paidotribo—World Rights

Published by Editorial Paidotribo, Spain

©Copyright of this edition: BEIJING SCIENCE AND TECHNOLOGY PUBLISHING CO., LTD.

This simplified Chinese translation edition arranged through CA-LINK INTERNATIONAL LLC

著作权合同登记号 图字：01-2022-3224

图书在版编目（CIP）数据

太极拳肌肉解剖图解 /（西）伊莎贝尔·罗梅罗·阿尔比奥尔,（西）大卫·柯托·塞卡内拉,（西）努里亚·科拉尔·费雷尔著；刘旭彩,胡志华译. — 北京：北京科学技术出版社, 2022.10

ISBN 978-7-5714-2400-8

Ⅰ.①太… Ⅱ.①伊… ②大… ③努… ④刘… ⑤胡…
Ⅲ.①太极拳 – 图解 Ⅳ.① G852.11-64

中国版本图书馆 CIP 数据核字 (2022) 第 115646 号

策划编辑：曾凡容
责任编辑：曾凡容
责任校对：贾　荣
版式设计：优品地带
责任印制：吕　越
出 版 人：曾庆宇
出版发行：北京科学技术出版社
社　　址：北京西直门南大街 16 号
邮政编码：100035
电话传真：0086-10-66135495（总编室）　0086-10-66113227（发行部）
网　　址：www.bkydw.cn
印　　刷：北京宝隆世纪印刷有限公司
开　　本：889 mm × 1194 mm　1/16
字　　数：100 千字
印　　张：9
版　　次：2022 年 10 月第 1 版
印　　次：2022 年 10 月第 1 次印刷
ISBN 978-7-5714-2400-8

定　　价：129.00 元

本书既适合第一次接触太极拳的人，也适合希望深入了解人体解剖学的资深太极拳习练者。本书主要介绍了太极拳单个招式定式时所涉及的肌肉的伸缩状态，而太极拳的两个显著特征是体松心静、连贯圆活，所以研究太极拳招式中所参与的肌肉是比较困难的。

可能你的太极拳打得如行云流水，一个个动作衔接流畅，但在此之前，你所做的动作都是相对静态的，你需要经过长时间练习才能把动作串联起来。研究静态动作有助于了解参与该动作的肌肉。了解每个动作有哪些肌肉参与，一方面有助于将单个动作串联起来，形成连贯动作；另一方面，有助于用意念引导身体。

本书除了研究肌肉系统的功能，还注重指导实践。本书按照太极拳的训练流程来编写，内容主要有：活动关节和拉伸身体的热身动作、健身气功、站桩、太极拳单式动作、太极拳推手、放松部分的自我按摩。

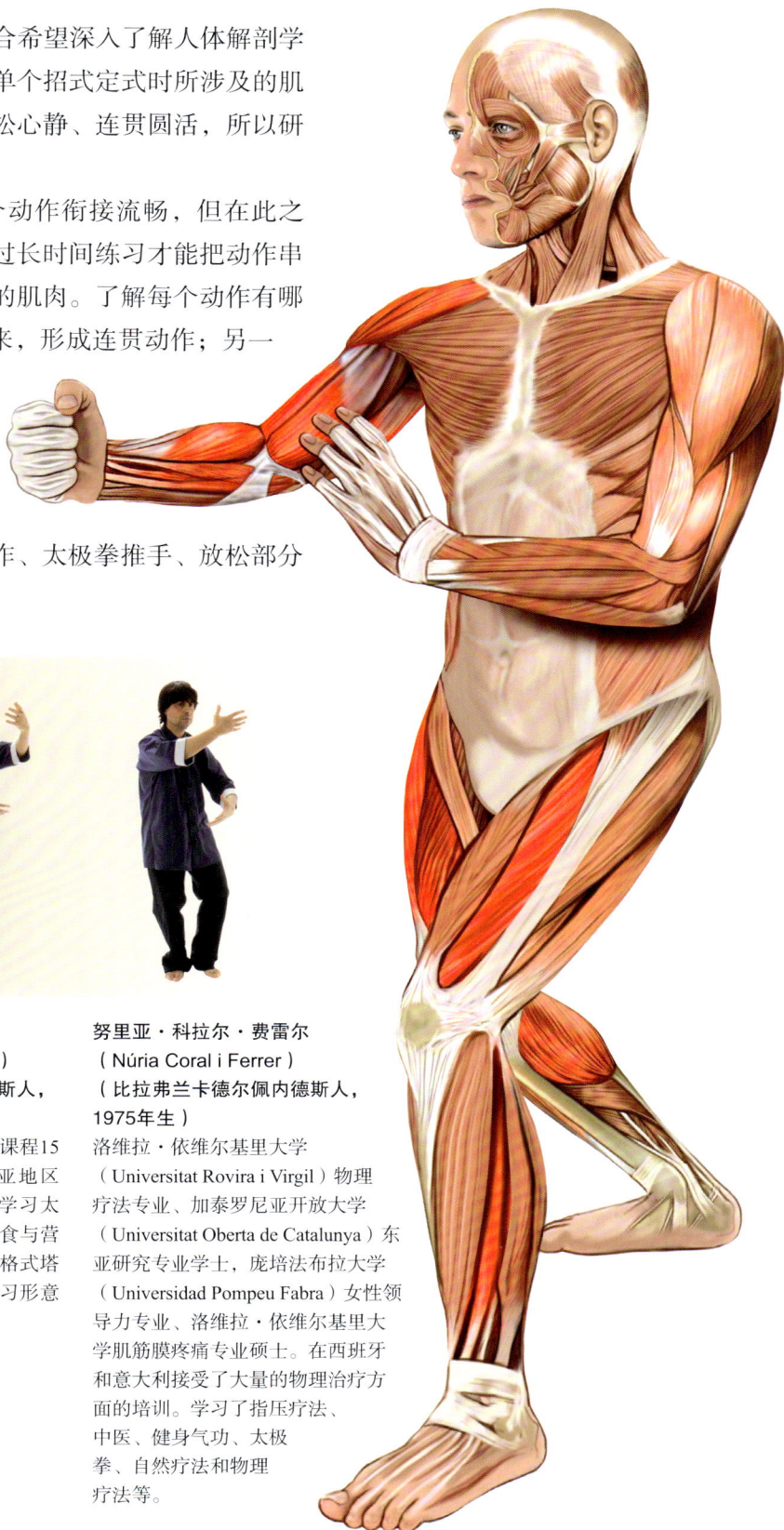

伊莎贝尔·罗梅罗·阿尔比奥尔
（Isabel Romero Albiol）
（巴塞罗那人，1969年生）
加泰罗尼亚地区蔡李佛拳–太极拳协会教练。研究过自然疗法、针灸、地球生物学、运动生理学和进化心理学。坚信太极拳不仅能强身健体，而且可以修身养性。

大卫·柯托·塞卡内拉
（David Curto Secanella）
（比拉弗兰卡德尔佩内德斯人，1965年生）
太极拳教练，教授太极拳课程15年。1997年在加泰罗尼亚地区的蔡李佛拳–太极拳协会学习太极拳和健身气功。研究饮食与营养，并参加了指压疗法和格式塔疗法的培训。目前正在学习形意拳、八卦掌和擒拿。

努里亚·科拉尔·费雷尔
（Núria Coral i Ferrer）
（比拉弗兰卡德尔佩内德斯人，1975年生）
洛维拉·依维尔基里大学（Universitat Rovira i Virgil）物理疗法专业、加泰罗尼亚开放大学（Universitat Oberta de Catalunya）东亚研究专业学士，庞培法布拉大学（Universidad Pompeu Fabra）女性领导力专业、洛维拉·依维尔基里大学肌筋膜疼痛专业硕士。在西班牙和意大利接受了大量的物理治疗方面的培训。学习了指压疗法、中医、健身气功、太极拳、自然疗法和物理疗法等。

招式图解

攻防
用法　　招式名称　　　　　　　　　扫码
　　　　　　　　　　　　　　　观看视频　　　　　分解动作

第18式　左右穿梭

攻防用法
甲　　乙

桡侧腕短伸肌
旋前圆肌
肱三头肌
尺侧腕屈肌
髂腰肌

横突间肌
肱三头肌
臀小肌
股外侧肌
（股四头肌）
跛长伸肌

乙用左拳攻击甲的面部。甲用左手腕背面按住乙左肘外侧，并转腕反手抓住乙左肘关节，同时，上左步，向上、向左捌乙，使乙左转，并出右手推击乙肩胛部。

1　左脚下落，双手抱球。
2　重心移至左腿，右脚收于左脚内侧、两手由抱球状逐渐分开。
3　身体向右转，右脚上步。两手继续分开，右上左下。

4　重心前移。
5　右腿成右弓步。随着重心前移，右手由面前向上、向外捌，掌心向外，停在右额前。左手先向左下再经体前向前推出
6　身体转至面向正前方，随身体转动，右手略后拉，左手前推。双手掌心向前，眼看左手。

98　/ 太极拳肌肉解剖图解

5 太极拳 / 99

涉及的主要肌肉名称　　　　主要肌肉着色

度、手掌向外翻转，然后双臂继续向上伸展，直至双手到达头顶上方。最后双手从身体两侧放下，恢复到准备姿势。

肘关节伸直，不可耸肩

竖脊肌

浅层的肌肉　　　　　　深层的肌肉

认识肌肉

准备姿势

准备姿势
肌肉名称

半膜肌
半腱肌
股二头肌

腓肠肌

股外侧肌
（股四头肌）
股直肌
（股四头肌）
股内侧肌
（股四头肌）

健身气功部分的信息

呼吸

运动时的呼吸

两掌上托时用鼻子吸气，双手放下时用嘴呼气。

32　/ 太极拳肌肉解剖图解

肌肉系统解剖图（前）

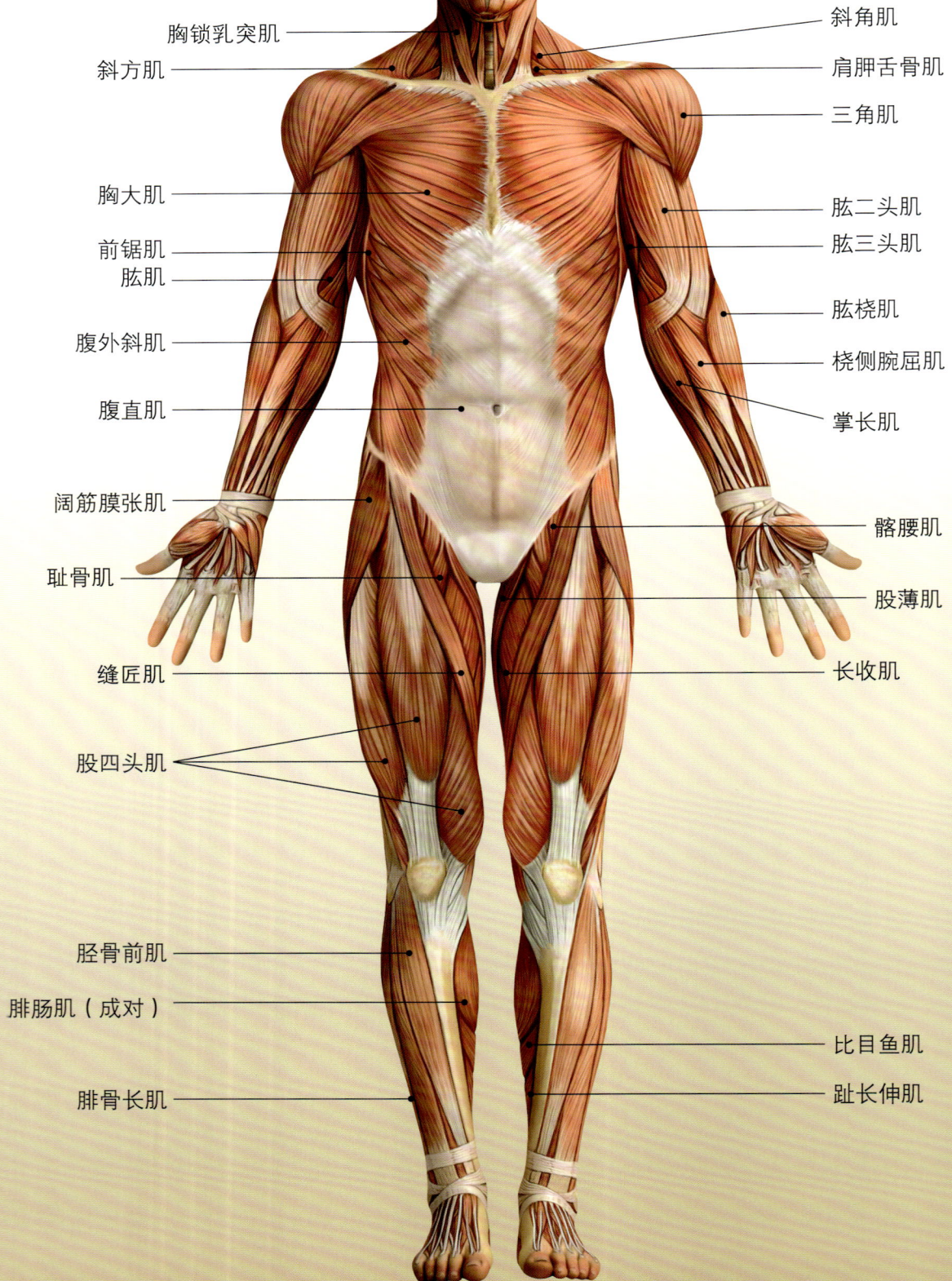

胸锁乳突肌

斜方肌

胸大肌

前锯肌

肱肌

腹外斜肌

腹直肌

阔筋膜张肌

耻骨肌

缝匠肌

股四头肌

胫骨前肌

腓肠肌（成对）

腓骨长肌

斜角肌

肩胛舌骨肌

三角肌

肱二头肌

肱三头肌

肱桡肌

桡侧腕屈肌

掌长肌

髂腰肌

股薄肌

长收肌

比目鱼肌

趾长伸肌

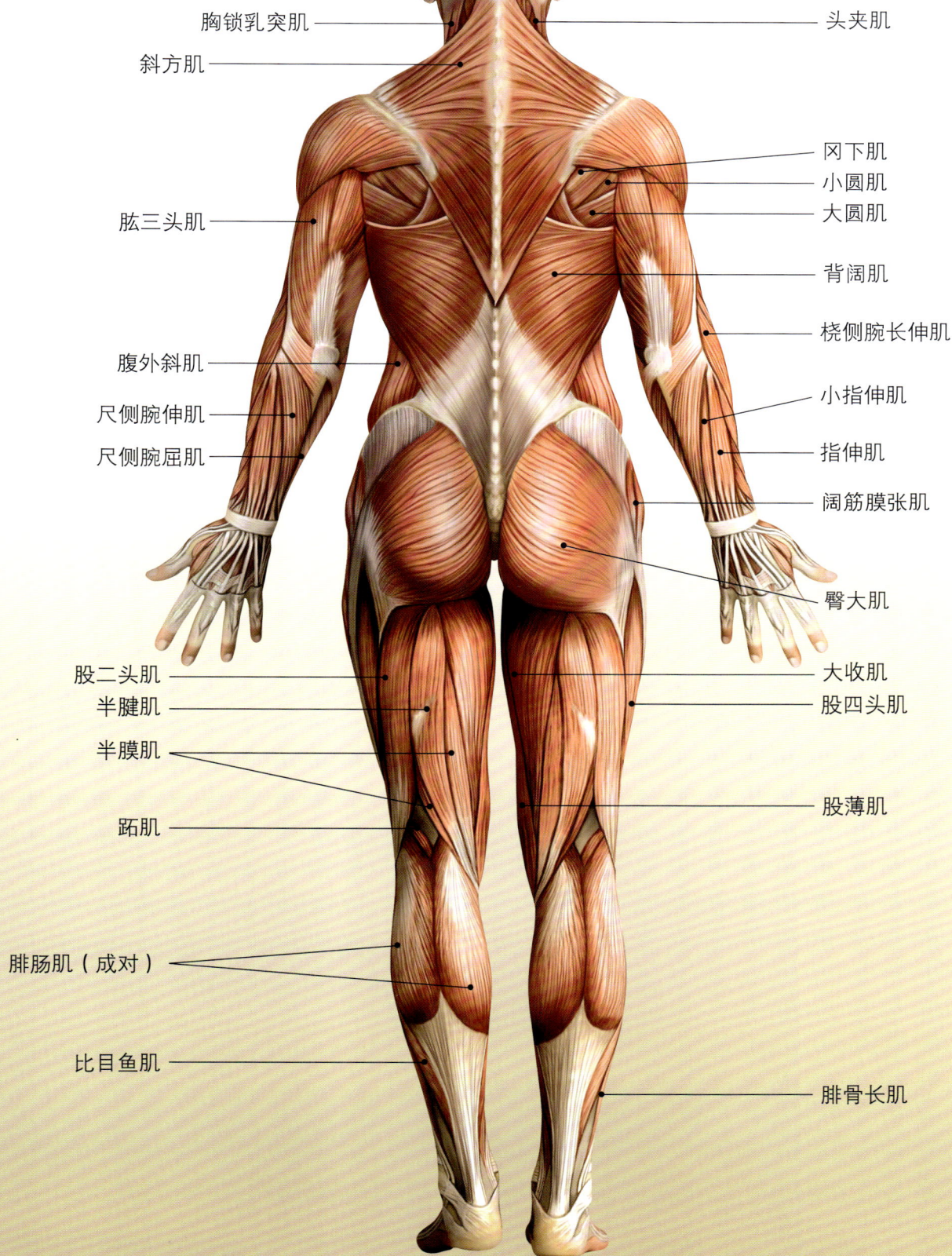

胸锁乳突肌

斜方肌

肱三头肌

腹外斜肌

尺侧腕伸肌

尺侧腕屈肌

股二头肌

半腱肌

半膜肌

跖肌

腓肠肌（成对）

比目鱼肌

头夹肌

冈下肌

小圆肌

大圆肌

背阔肌

桡侧腕长伸肌

小指伸肌

指伸肌

阔筋膜张肌

臀大肌

大收肌

股四头肌

股薄肌

腓骨长肌

骨骼系统解剖图

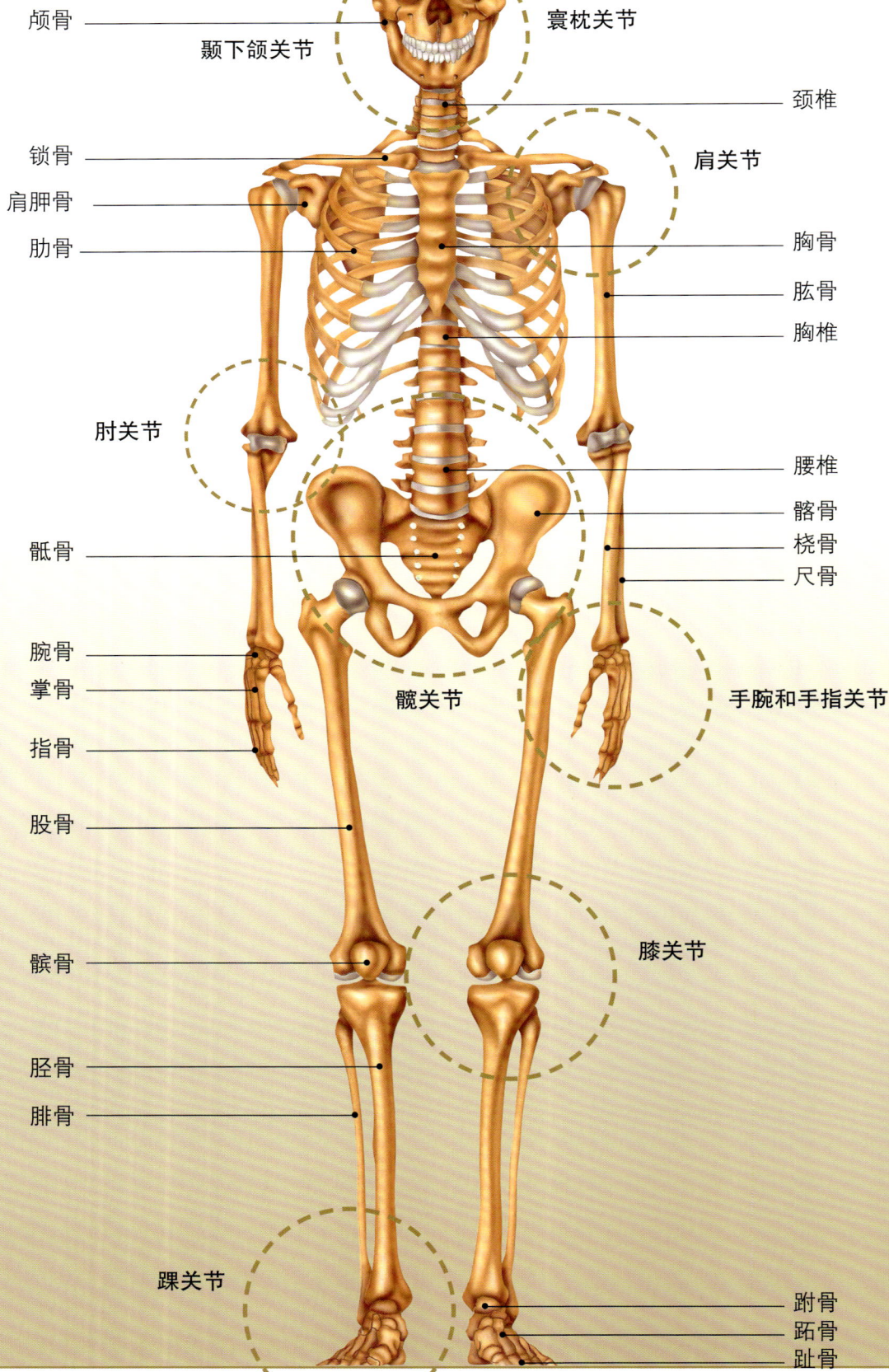

颅骨

颞下颌关节

寰枕关节

颈椎

肩关节

锁骨

肩胛骨

肋骨

胸骨

肱骨

胸椎

肘关节

腰椎

髂骨

骶骨

桡骨

尺骨

腕骨

掌骨

指骨

手腕和手指关节

髋关节

股骨

髌骨

膝关节

胫骨

腓骨

踝关节

跗骨

跖骨

趾骨

寰枕关节

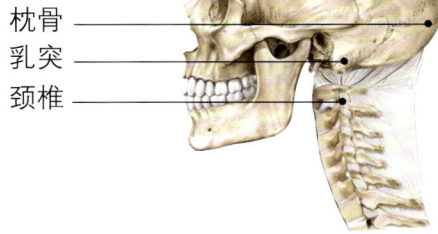

枕骨
乳突
颈椎

颞下颌关节

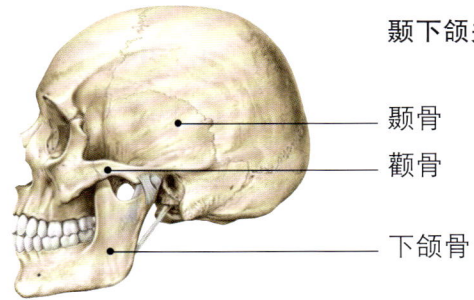

颞骨
颧骨
下颌骨

髋关节

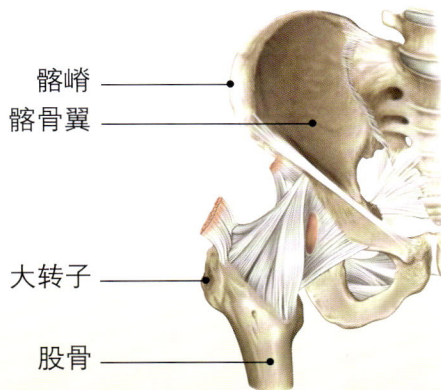

髂嵴
髂骨翼
大转子
股骨

肩关节

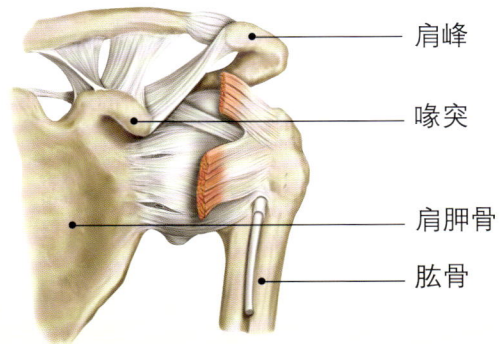

肩峰
喙突
肩胛骨
肱骨

膝关节

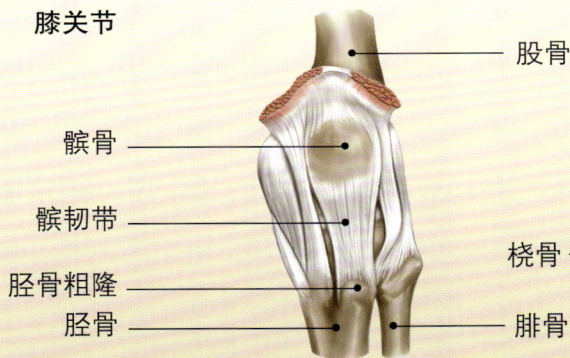

股骨
髌骨
髌韧带
胫骨粗隆
胫骨
腓骨

肘关节

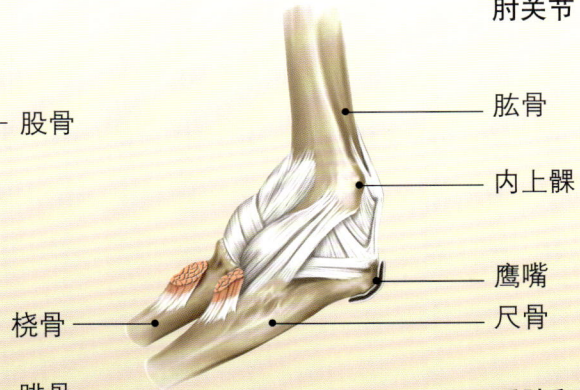

肱骨
内上髁
鹰嘴
桡骨
尺骨

踝关节

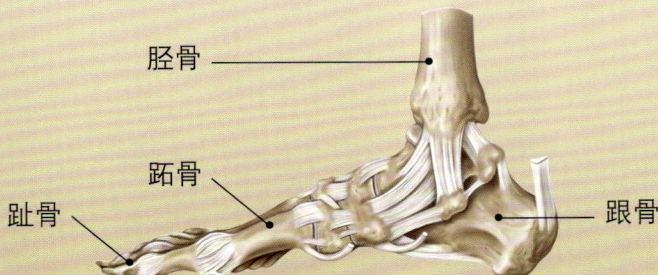

胫骨
距骨
趾骨
跟骨

手腕和手指关节

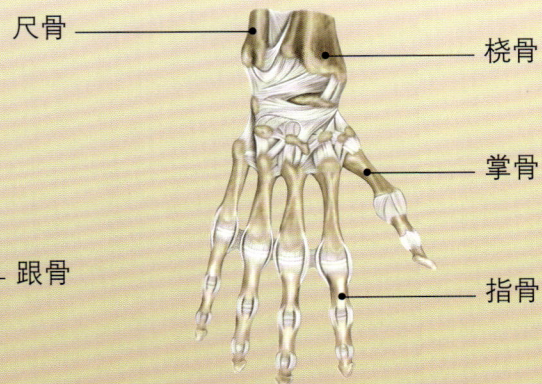

尺骨
桡骨
掌骨
指骨

目 录

目 录

1

概 述

太极阴阳哲理

概念

从中国古代"道"所主张的"气一元论"中产生了哲学上的"二元论"概念，这是一种解释宇宙万物的方式。"二元论"既包括宏观的现象和过程，也包括最小微观世界。这种二元论被称为阴阳。

"阴""阳"这两个概念首次全面概括于《易经》中，是人们观察自然后对自然界不同现象性质的总结。所有事物都是由相反的、成对的元素构成，同时这些元素又是互补的，这种二元论适用于所有方面：温度（冷热）、时间（昼夜）、生物（生死）、性别（男女）等。任何可观察到的事物都可以归类为阴或阳。我们举一些例子。

当太阳升起照在山上时，被照亮的斜坡在自然界中为阳，未照到的地方为阴；到了下午，光线发生变化，上午的阳的部分变成阴。由此可见，阴和阳不是静止的，而是在永恒的运动和变化中。

阴和阳的属性取决于所比较的内容。如果将狼与兔子进行比较，兔子体型较小为阴，狼的体型较大为阳。然而，与大象相比，同一只狼的属性则转变为另一种。此外，狼从幼年到成年的生存过程也是一个不断变化的生物过程。

月亮和太阳象征着阴和阳

钟摆效应

不同的状态、事件或现象所蕴含的阴阳之间的相对性可以通过单个连续体中发生的交替来描述。因此，我们可以补充说，这种交替具有钟摆效应，因为可评估的过程在本质上是循环的：首先是纯阴，然后过渡到阳，直到阳完全圆满，然后阳从圆满减少到阴，又回到它最初的状态。确切地说，这不是最初的阴，我们也很难评判一件事物或一种现象最初是阴还是阳。

互补性

阴阳并不是完全对立的两极，而是相辅相成、缺一不可。请注意它的符号：一个由"S"形曲线等分的圆。白色的一半包含一个小的黑色圆点，黑色的一半包含一个小的白色圆点。

这一古老的道家符号被称为太极，即至高境界。它阐明了原始统一的概念，其中包含了相互转化和相互关联的二元论，在不断的变化中，它的每一方都包含着对方。没有什么是纯阴的，也没有什么是纯阳的；一切都在不断运动，追求平衡和互补。

阴阳八卦图

道家的起源和意义

有物混成，先天地生。寂兮寥兮，独立而不改，周行而不殆，可以为天下母。吾不知其名，字之曰道。

这段话出自《道德经》。

《道德经》是一本5000余字的书，作者是老子（姓李名耳，字聃，一字伯阳，或曰谥伯阳），生于公元前570年左右。《道德经》也许是道家哲学的起点，老子是道家学派最伟大的老师。

老子是道家的创始人和主要代表人物，曾担任周朝守藏室之史，以博学而闻名。春秋末年，天下大乱，老子欲弃官归隐，西出函谷关时，受守关之官邀请，写下《道德经》。

道家哲学

道家的哲学追求的是通过努力和自律等修炼方法达到健康长寿的至高完美境界。

追求现世生活的快乐和完善，首先要实现身心的统一，因为就健康而言，只有强壮的身体才能容纳具有相同特征的心灵。为了实现这一点，道家敬畏和崇尚自然，认为只有这样才能实现绝对的自由和天人合一。

道家哲学涵盖了无数领域：冥想、饮食和营养、深呼吸、身心锻炼、自然医学、物理治疗等。每个人的最终目标都是一样的：通过自身修炼以实现健康长寿。

将个人作为一个复杂而完整的实体，在宏观的宇宙中构建对微观世界的感知，是健身气功和太极拳的基本思想基础。

道家与武术

道家思想对武术的影响是众所周知的。老子认为"道"是万物之源，而"道"反映了武术在养生、武德等方面的终极追求。道家的无为思想将武术习练者带入一个可以获

《道德经》作者老子的雕像

得无限心灵自由的精神境界中，自然而然，逍遥自在。

上善若水。水善利万物而不争，处众人之所恶，故几于道。

——《道德经》

道家的这个主张是健身气功和太极拳练习的基本原则：以柔克刚，放松，相连不断，精神集中。它还告诉我们"人之生也柔弱，其死也坚强"。

健身气功

气功的起源

要理解气功QiGong（拼音拼写法）或气功ChiKung（威妥玛式拼音法），就要深入研究这两个单词的意义。一方面，chi意为能量、呼吸或空气，这些概念与呼吸系统相关，是一种从大气中获取能量的方式；另一方面，kung这个词，指技术、练习或成就。这两个单词合在一起就是为获取能量所做的努力或持续的练习。

气功的起源可以追溯到中国古代。但直到1953年刘贵珍的《气功疗法实践》一书出版之后，"气功"一词才流传开来。此后，所有古代流传下来的导引、内功、炼内丹等呼吸养生法统一被称为"气功"，今天我们一般称其为健身气功，练健身气功的主要目的是促进疾病康复、强身健体和延年益寿。

不同时期的气功功法

公元前6世纪时，道家隐士练气功更多是为了预防疾病和长寿，最高目标是实现精神超越。他们使用的技巧是调整呼吸、身体活动和意识。

拥有几千年历史的中医不仅发展了有关"气"的理论，而且发展了呼吸功法及其调节身体状态甚至治疗疾病的潜能。

八段锦

这些观念都体现在《黄帝内经》一书中。

公元2世纪，东汉名医华佗（约145—208年）创编出了一系列功法来辅助治疗各种常见的疾病，如关节炎、循环系统疾病、风湿病等。他创立的"五禽戏"至今仍有许多人在习练。

公元5世纪，相传达摩祖师来到中国，著有《易筋经》《洗髓经》等书。《易筋经》和《洗髓经》这两本书的内容都是有关强身健体的功法，是治疗师、冥想师、气功和武术习练者的参考手册。

公元6世纪至9世纪的隋唐时期，气功的传播更为广泛，涌现出大批的气功师和气功习练法。孙思邈在其著作《备急千金要方》中解释了各种气功技巧，其中最著名的是六字诀养生法。另一本8世纪的古籍，描述了当时流行的八段锦功法，该功法是由8种不同的动作组成的健身功法，当今大多数的气功练法中仍可见其踪影。宋朝（960—1279年）出现了太极拳，由于其特殊的习练方式，太极拳有时也被认为是一种健身气功。

许多有关太极拳的重要专著、插图和汇编在明清时期出版。

正在练功的少林和尚

太极拳

太极拳是一种内家拳，它不仅是一种防身自卫的拳法，更是一门有利于改善身体状况、保持身体健康及身心和谐的学科。

学练太极拳涉及5个方面的内容。

- 站桩。
- 呼吸。
- 套路。
- 推手。
- 技击应用。

太极拳的流派

我们只简单介绍当今习练人数较多的太极拳流派，即陈式太极拳、杨式太极拳、吴式太极拳和孙式太极拳。

陈式太极拳 创自河南温县陈家沟陈王廷（1600—1680年）。陈王廷自幼习武，学过多门武术，结合吐纳（呼吸练习）和导引（锻炼专注力和内功），创编了陈式太极拳，随后代代相传。

陈王廷创编的太极拳系陈式太极拳老架。陈王廷的弟子在老架的基础上进行了

公园里的太极拳习练者

改编，创编了新架太极拳。新架太极拳与老架太极拳的主要区别在于老架太极拳的拳圈较大，新架太极拳的拳圈较小，故称老架太极拳为"大圈拳"，称新架太极拳为"小圈拳"。

杨式太极拳 这是当今颇受欢迎的流派，由著名的武术家杨露禅（1799—1872年）创编。

杨露禅在陈家沟学习和生活多年后，应邀到北京定居教拳。因武艺高强，被人们称为"杨无敌"。他删改陈式老架太极拳的动作，创编了杨式太极拳。后其季子杨健侯、孙杨澄甫等人将这门拳术加以修改，使之更容易为人们所接受。目前，杨式太极拳流传最广。

吴式太极拳 杨露禅的弟子吴全佑对杨式太极拳进行了修改，创立了一套被称为中架式的太极拳。后他的儿子吴鉴泉（1870—1942年）改编了中架式，使之成为现代流传较广的吴式太极拳，并对之进行了推广。

孙式太极拳 这一流派由中国近代著名武术家孙禄堂（1860—1933年）创建。他转益多师，学习了多种武术功法。他以武式太极拳为基础，吸取形意拳的步法特点、八卦掌的身法特点，将这三者融会贯通，创编出了孙式太极拳。

本书中有关太极拳的介绍，均参考杨式太极拳。

2

热身

活动关节

骨骼本质上是刚性的,如果没有关节,就不可能活动。总的来说,两块骨头相互接触形成关节,在肌肉的参与下,我们可以随意支配骨骼的运动。

关节可进行各种类型的运动:滑动、屈、伸、内收、外展、旋转及环转等。关节从整体上将骨骼系统固有的静态特性转化为活动特性。

做任何运动之前都需要以简单易行的方式激活关节,以避免关节损伤和过早磨损。我们按顺序从上到下活动关节:首先是颅骨的关节,然后是上肢、躯干和下肢的关节。

运动量

每个动作重复 4 ～ 6 次。

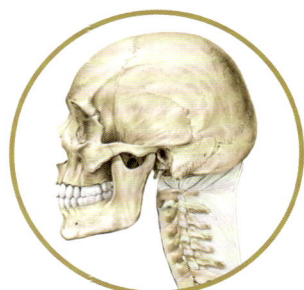
寰枕关节

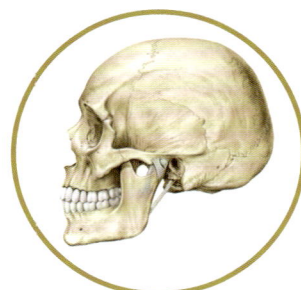
颞下颌关节

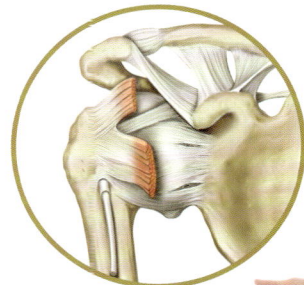
肩关节

肘关节

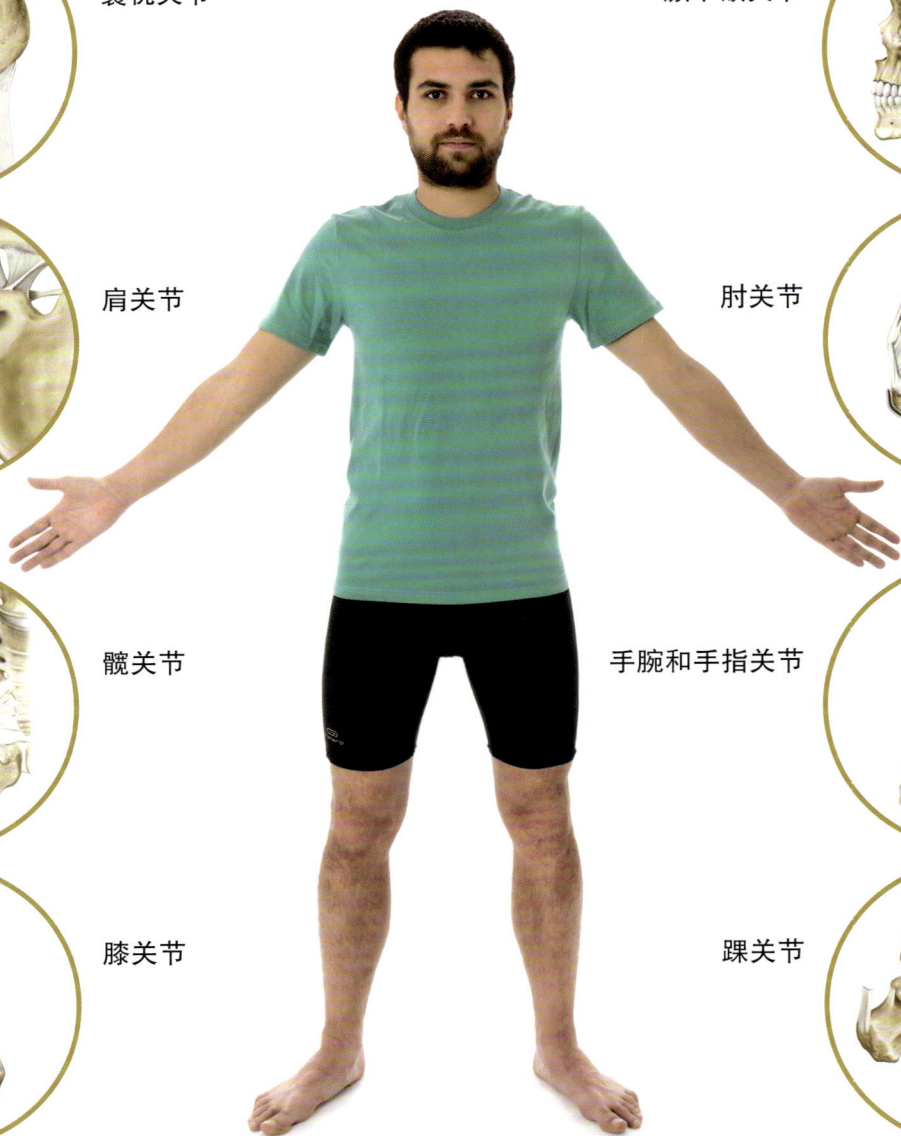

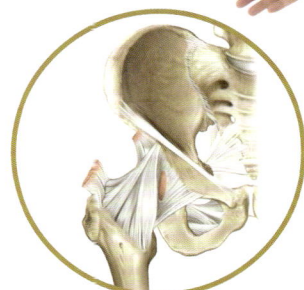
髋关节

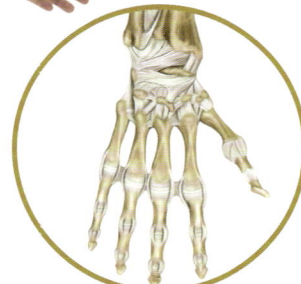
手腕和手指关节

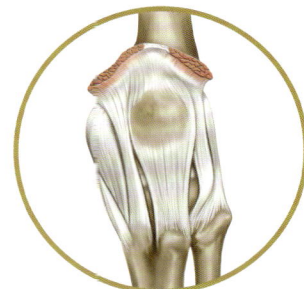
膝关节

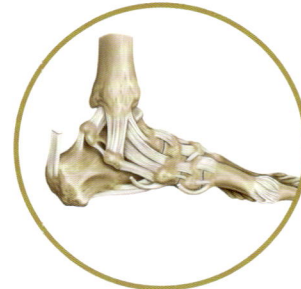
踝关节

1.嘴部开合

准备姿势

避免下颌向两侧移动。

准备姿势

面部肌肉放松，舌头下压，不接触牙齿。下颌稍向下，但嘴唇保持闭合。

动作要点

将嘴巴慢慢张开至一个舒适的位置，不要用力张开，上下唇之间的距离大约为2横指。然后慢慢把嘴巴闭合到准备姿势。

张嘴时不要太用力。

2.下颌前突

准备姿势

准备姿势

放松面部肌肉和舌头，不要咬紧牙关，微微张开嘴巴。

动作要点

慢慢地向前伸出下颌，让下牙的位置比上牙更靠前。然后回到准备姿势。

始终通过鼻子吸气和呼气。

在不拉伸颈部的情况下移动下颌。

准备姿势

站立，面向前方，双脚分开，与肩同宽。

动作要点

头先向左转，然后回到准备姿势；再向右转，然后再回到准备姿势。重复上述动作。

1.转动头部

颈部保持直立，下颌与地面保持平行。

保持下颌放松。

准备姿势

2.低头抬头

准备姿势

站立，双脚分开，与肩同宽，双手自然垂于身体两侧。

动作要点

低头，使下颌尽可能地靠近胸部，然后回到准备姿势。再适度抬高下颌，然后再回到准备姿势。

使下颌尽可能地靠近胸部。

适度抬高下颌，避免颈椎压迫。

准备姿势

1.耸肩

颈部在整个
运动过程中
保持直立。

准备姿势

准备姿势
站立，双脚分开，与
肩同宽，双手自然垂于身
体两侧。

动作要点
慢慢抬起肩膀，保持
姿势片刻，然后突然放下
肩膀。

抬起肩膀时缓慢
吸气，放下肩膀时
突然呼气。

2.肩部绕环

颈部保持
直立。

在旋转过程中
不要向前或向
后移动颈部。

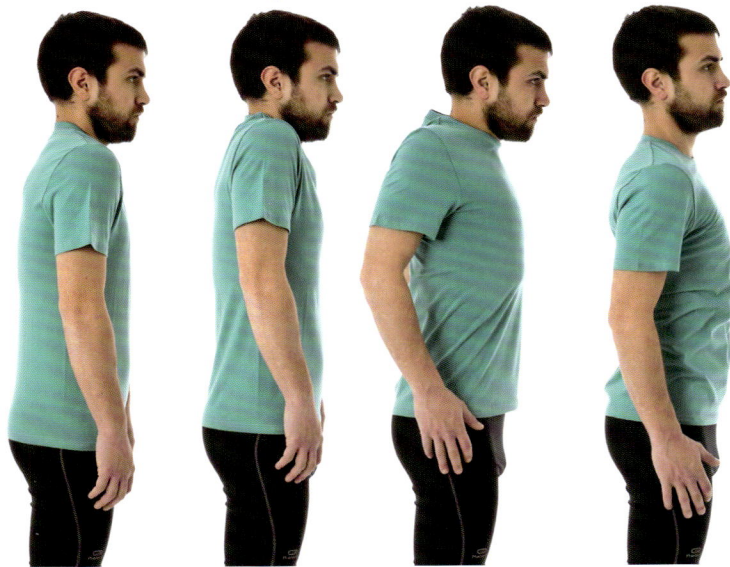

准备姿势

准备姿势
站立，双脚分开，与
肩同宽，双手自然垂于身
体两侧。

动作要点
肩部以最大幅度向前做
画圆的动作，再慢慢地以最
大幅度向后做画圆的动作。

准备姿势

站立，双脚分开，与肩同宽，右肘部弯曲，左臂自然下垂。

动作要点

在右肘自然放下的同时屈曲左肘。重复交替屈曲左右两肘。

1.肘部屈曲

准备姿势

两肘交替屈曲时保持放松。

屈曲肘部时，上臂应紧贴躯干。

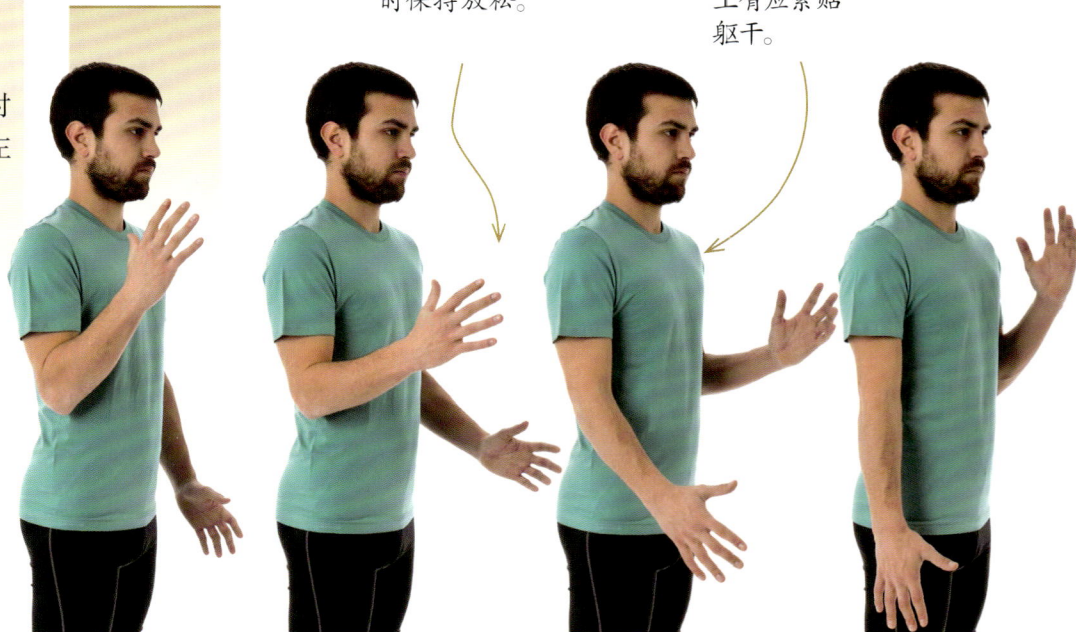

准备姿势

站立，双脚分开，与肩同宽。右手托住左肘。

动作要点

左肘先顺时针旋转做圆周运动，再逆时针旋转做圆周运动。

2.肘部旋转

不要追求旋转的幅度。

右臂只是起支撑作用，要保持放松。

准备姿势

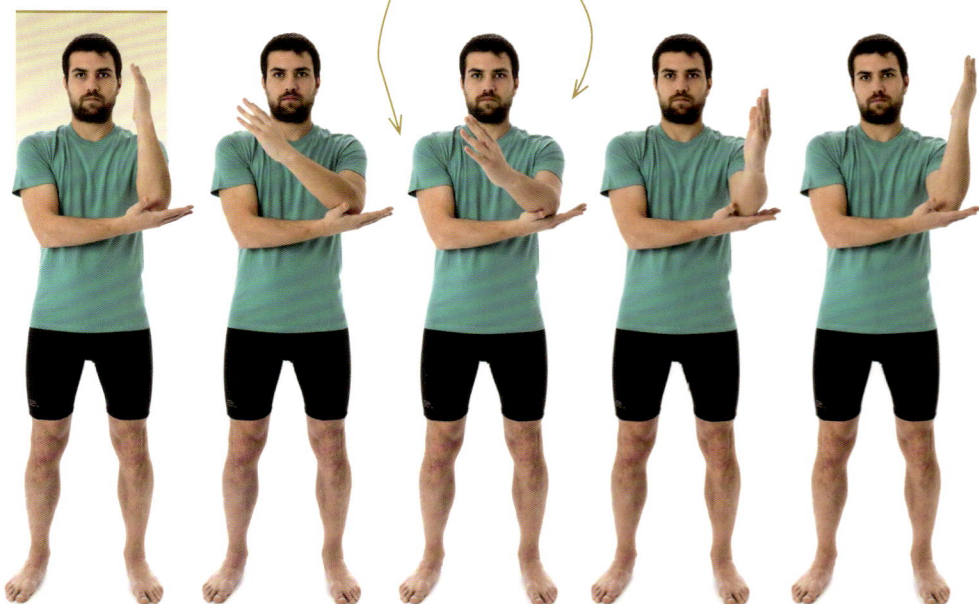

1.手腕旋转

准备姿势

向内旋转与向外旋转的次数相同。

旋转时不要过度用力。

准备姿势
站立，双脚分开，与肩同宽，前臂向身体前方伸展。

动作要点
同时旋转两个手腕，先向外旋转，再向内旋转。

2.手指张开和合拢

握拳时不要过度用力，拇指在拳头外侧。

伸展双手的所有手指。

准备姿势

准备姿势
站立，双脚分开，与肩同宽，前臂向身体前方伸展，拳头握紧。

动作要点
慢慢地张开双手，展开手指，然后弯曲手指再次握拳。反复练习张开和合拢的动作。

准备姿势

站立，双脚分开，与肩同宽。双手放在肾脏部位，拇指朝下。

动作要点

慢慢地旋转髋部，幅度由小逐渐增大。先是顺时针旋转，然后逆时针旋转。

1. 髋部旋转

避免膝关节旋转。

在两个方向上的旋转次数相同。

准备姿势

准备姿势

站立，双脚分开，略宽于肩，双臂自然下垂，放在身体两侧。

动作要点

先将重心移到右腿，同时向左转动腰部和躯干。然后将重心移到左腿，同时向右转动腰部和躯干。

2. 臀部和脊柱扭转

扭转时，手臂和身体必须放松。

准备姿势

背部保持挺直，避免紧张。

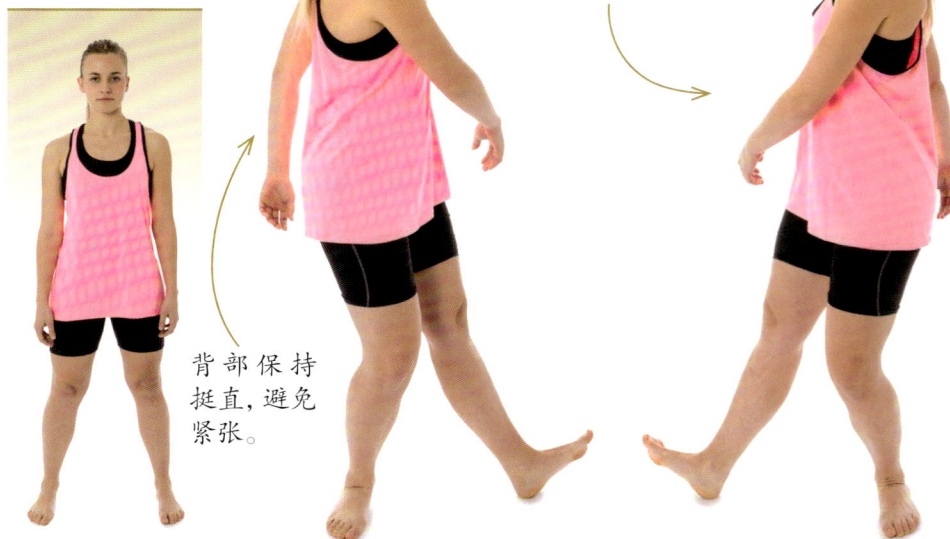

1.膝关节屈曲与伸展

准备姿势

始终将双手放在膝盖上以保护膝盖。

膝盖不要过度弯曲。

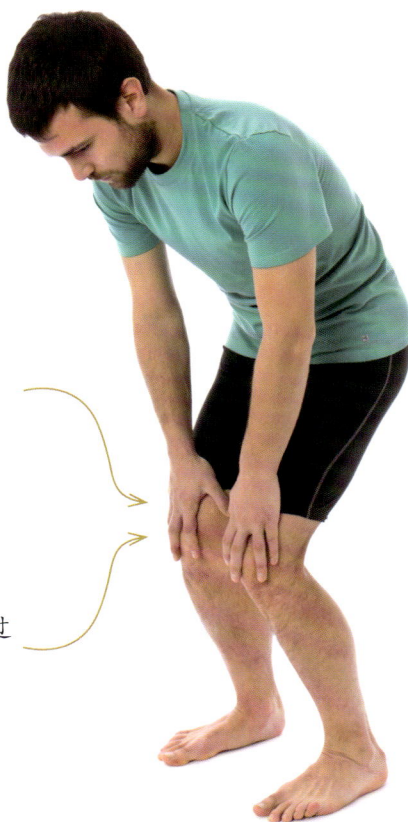

准备姿势

站立，双脚分开，与肩同宽，躯干向前屈曲，双手放在膝关节上。

动作要点

双手放在膝关节上，先轻微地屈曲膝关节，再逐渐增加屈曲的幅度，然后慢慢伸展膝关节。

2.膝关节旋转

准备姿势

每次旋转结束时，缓慢地伸直膝关节。

准备姿势

站立，双脚分开，与肩同宽，躯干向前弯曲，双手放在膝关节上。

动作要点

双手放在膝关节上，双膝先顺时针旋转，然后逆时针旋转。

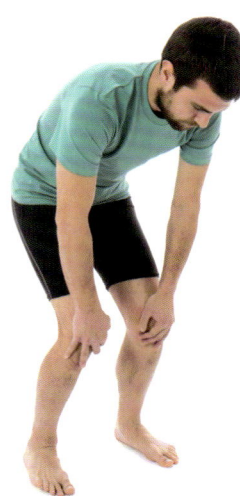

准备姿势

单腿站立，另一条腿微微前伸，双手放在腰部。

动作要点

屈曲和伸展前脚的脚踝，先脚跟点地，然后脚尖点地。屈曲脚踝时应尽可能地向上抬起脚尖，伸展脚踝时要完全伸展脚尖。

1.脚踝屈伸

准备姿势

如果不能保持身体平衡，可以找一个支撑物。

屈曲脚踝时要避免晃动。

准备姿势

单腿站立，另一条腿微微前伸，双手放在腰部。

动作要点

身体重心放在后腿，前脚先顺时针画圆，再逆时针画圆。刚开始画圆的幅度可以小一些，后逐渐加大画圆的幅度，以使脚踝更灵活。

2.脚踝旋转

准备姿势

眼睛注视一个固定点以获得更好的平衡。

慢慢地画圆，让脚踝更灵活。

基本拉伸运动

　　肌肉拉伸是通过一系列练习来调整肌肉，增加其弹性，从而提升身体的整体运动能力。

　　拉伸在体育运动和舞蹈中有着广泛的应用，它与提高肌肉爆发力、速度、耐力和关节灵活性的练习一样重要。

　　拉伸运动不仅为接下来的运动提供身体条件，还有助于恢复身体平衡。如果训练得当，它还可以避免常见的运动损伤，如扭伤、肌肉拉伤、肌腱炎等，同时还可以预防肌肉紧绷等。

　　拉伸应该是一种轻松的运动，没有必要让自己感到疼痛和紧张，否则可能适得其反。有意识地拉伸肌肉很有必要。

　　本章介绍了一些基本拉伸运动，并附有呼吸指导。这些拉伸运动对后续的太极拳或健身气功课程很有用。如果你愿意，也可以用其他拉伸运动来代替。

重复

每个拉伸动作至少重复 4 次。

该练习有助于放松肩部区域，同时为手臂的进一步练习做好准备。

准备姿势

双脚分开，与肩同宽，双手手指交叉放在腹前。

动作要点

双臂上抬至与肩同高。双手手掌翻转，手心朝外。向前伸展双臂。

避免耸肩

三角肌

肱三头肌

尺侧腕屈肌

掌长肌

桡侧腕屈肌

手臂抬起的高度不要超过肩膀。

膝关节微屈。

准备姿势

呼吸

手臂抬起时，用鼻子吸气；手臂伸展时用嘴呼气。

该练习除了可以拉伸肱三头肌外，还可以拉伸整个肩部和身体的两侧。

准备姿势

双脚分开，与肩同宽，左臂在脑后屈曲，如柔韧性强，可用左手摸右肩胛骨。

动作要点

右手抓住左肘，轻轻向右拉动，同时身体向右侧屈曲。

缓慢拉伸，动作不要太快。

如果想拉伸身体的两侧，躯干要分别向对侧倾斜。

准备姿势

呼吸

侧屈时用鼻子吸气，回到准备姿势时用嘴呼气。

双脚保持平行，与肩同宽。

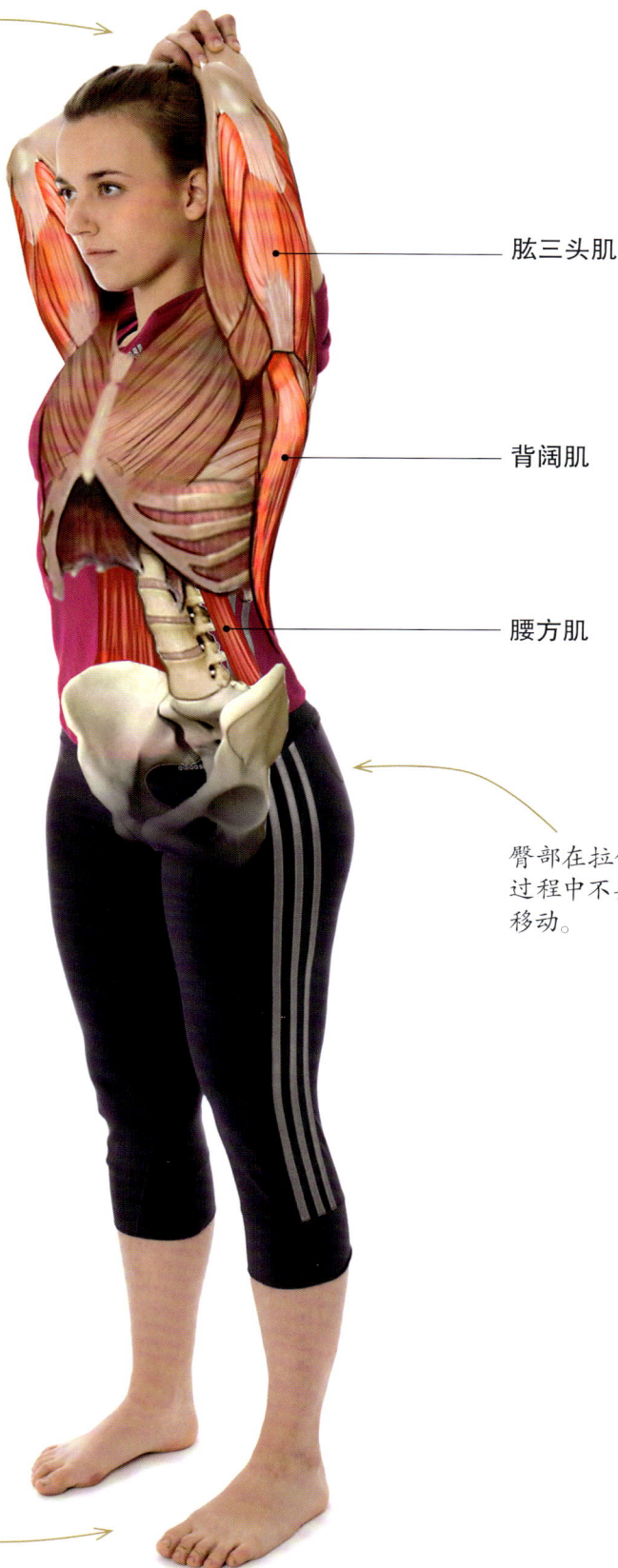

肱三头肌

背阔肌

腰方肌

臀部在拉伸过程中不要移动。

拉伸手臂和肩部

该练习不仅可以拉伸手臂和肩部,还可以拉伸胸部。

准备姿势

双脚分开,与肩同宽,左手握住固定的柱子或者门框。

动作要点

缓慢而平稳地将躯干转向右侧,左臂始终保持不动。

准备姿势

颈部保持直立,略收下颌。

三角肌

掌长肌

桡侧腕屈肌

胸大肌

肱二头肌

肱肌

非工作手臂放松。

臀部尽量保持不动。

指浅屈肌

膝关节避免旋转。

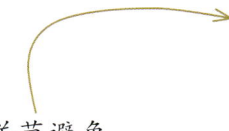

呼吸

躯干扭转时用鼻子吸气,回到准备姿势时用嘴呼气。

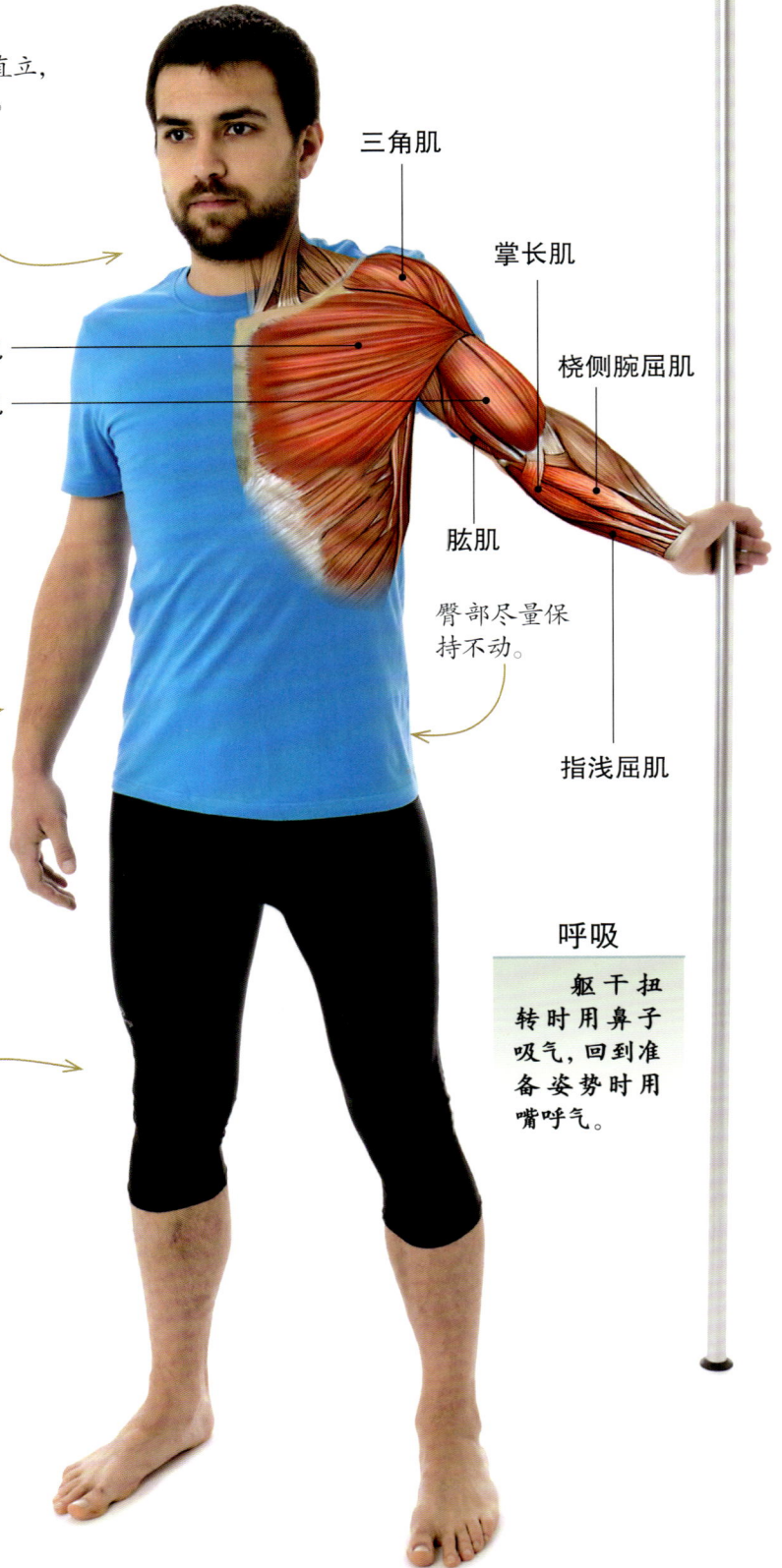

该练习可以拉伸背部，解锁脊柱。

准备姿势

双脚分开，与肩同宽，双臂前伸，与肩同高，掌心向外。

动作要点

慢慢地将躯干向左转动，保持10秒钟，然后回到准备姿势。

随着手臂的运动扭转颈部和头部。

双臂间的距离不能超过肩膀的宽度。

大圆肌

背阔肌

腹内斜肌

臀部尽量保持不动。

臀中肌

准备姿势

呼吸

在准备姿势阶段，用鼻子吸气，旋转时用嘴呼气，回到准备姿势时再次用鼻子吸气。

大腿和膝盖保持不动。

脚在身体扭转时不要离地。

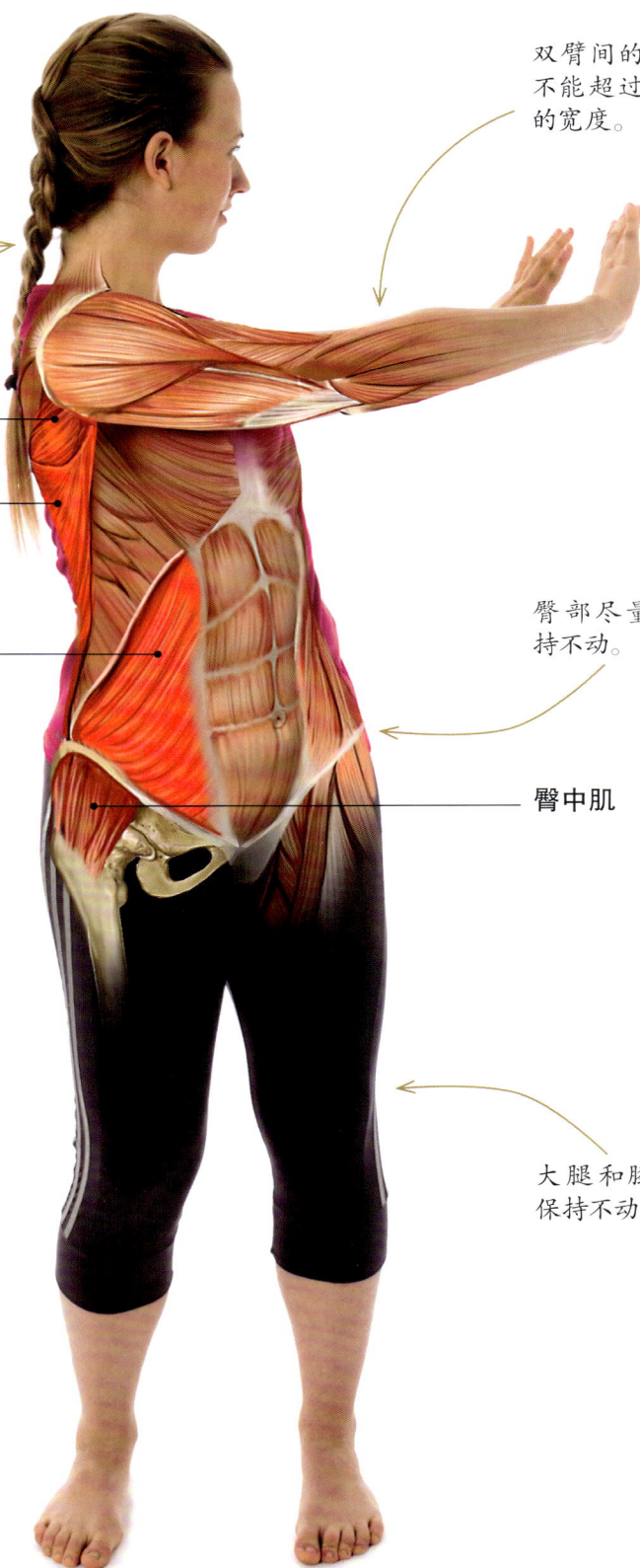

该练习可以放松腰背部，锻炼大腿后侧和背部的肌肉链，同时有助于减少腰部的肌张力。

准备姿势

躯干向前屈曲，膝关节微微弯曲。

动作要点

放松颈部和头部时，拉伸膝关节，直到感觉腿部肌肉轻微伸展。

呼吸

在准备姿势时用鼻子吸气，并在拉伸过程中用嘴呼气。

准备姿势

逐渐伸展，直到达到舒适的位置并保持几秒钟。

放松腰背部，使其伸展。

臀大肌

竖脊肌

半腱肌

股二头肌

即使手不能触摸到地面，腿也必须保持伸直。

利用头部的重量进行拉伸，但颈部不要弯曲。

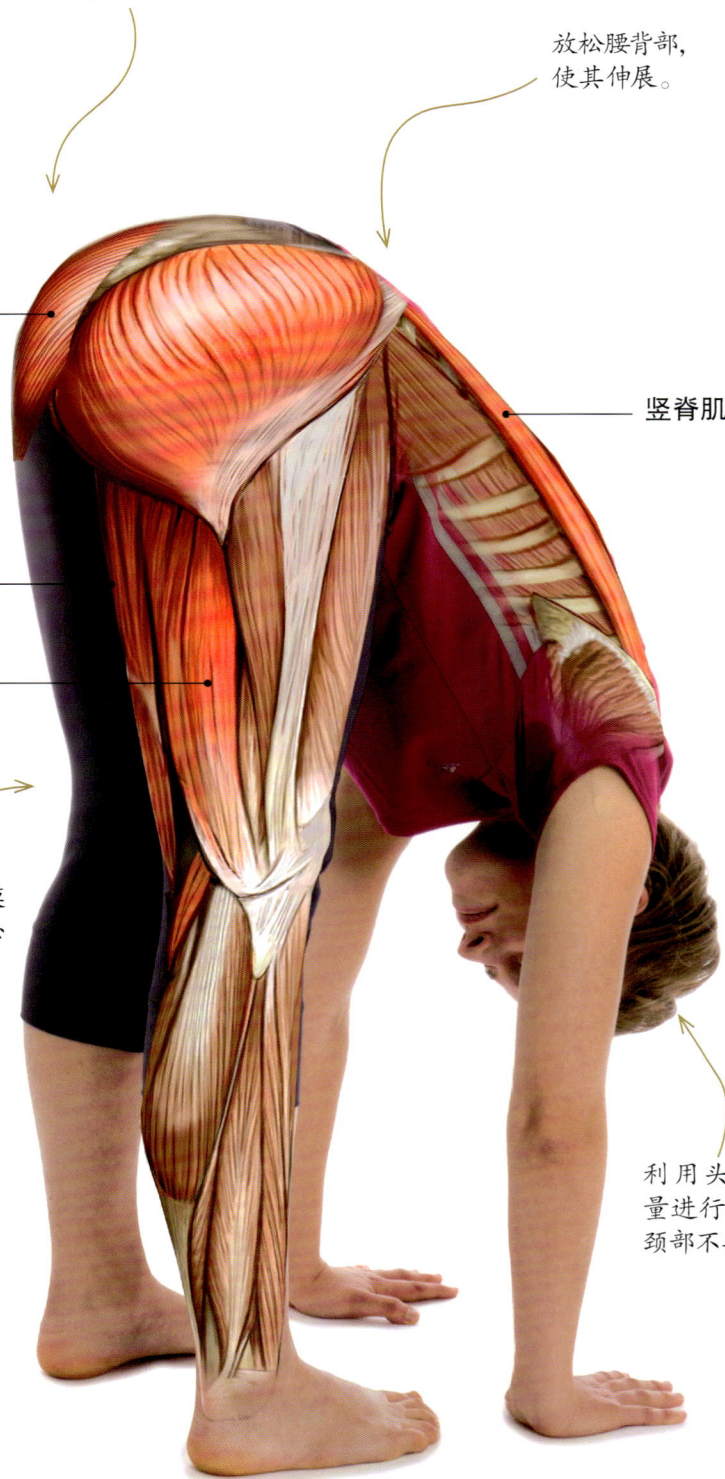

该练习可以拉伸大腿前部和膝关节，如果打算长时间站桩，这个练习尤为重要。

准备姿势

双脚分开，与肩同宽，右臂向前伸展，左手握住左脚脚背。

动作要点

右腿伸展的同时，左手轻轻地将左脚跟拉向臀部。

可以扶住一个支撑物以保持身体平衡。

将视线固定在一个点上以保持身体平衡。

腰部不要拱起。

股直肌（股四头肌）

股外侧肌（股四头肌）

也可以抓住脚踝附近的区域。

支撑腿的膝关节应略微弯曲以保持稳定。

准备姿势

呼吸

在准备姿势时用鼻子吸气，在伸展时用嘴呼气。

拉伸腓肠肌

该练习可以拉伸小腿，可利用墙壁或门，也可都不用。注意不要用力。

准备姿势

双脚分开与肩同宽，左腿向前迈一步，双膝稍稍弯曲。双手放在腰部。

动作要点

臀部慢慢地向前移动。如果手臂支撑在墙上，则右腿完全伸直，肘部弯曲。

拉伸时身体不要前倾。

注意不要塌腰。

准备姿势

呼吸

在准备姿势时用鼻子吸气，臀部移动时用嘴呼气。

腓肠肌内侧头

腓肠肌外侧头

后脚跟不应抬离地面。

跟腱

两只脚虽然相距较远，但必须完全平行。

该练习是一个典型的武术拉伸动作，能够拉伸大腿内侧区域，使大腿活动更加灵活。

准备姿势

双脚分开，间距大于肩宽，双手放在腰部。

动作要点

将身体的重心移到右腿上，右腿屈曲，同时拉伸左腿。然后回到准备姿势，换左腿屈曲。

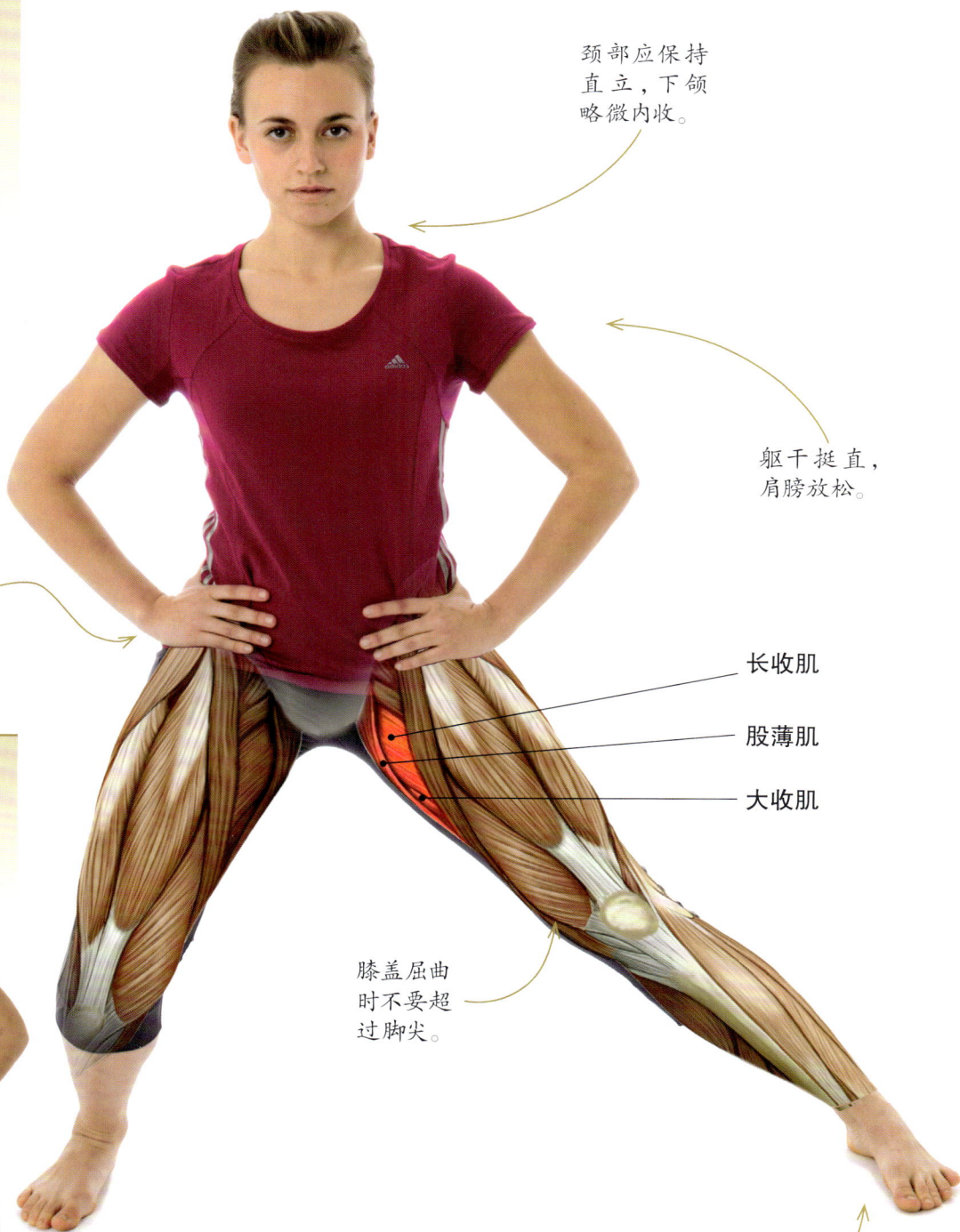

颈部应保持直立，下颌略微内收。

躯干挺直，肩膀放松。

髋部保持稳定，勿俯仰歪斜。

准备姿势

长收肌

股薄肌

大收肌

膝盖屈曲时不要超过脚尖。

左脚不要抬离地面。

呼吸

在准备姿势时用鼻子吸气，拉伸时用嘴呼气。

3

健身气功

气功为两个概念——气（呼吸）和功（练习）——的结合。由此我们可以得出结论，气功是以调整呼吸、身体活动和意识为手段，以强身健体为目的的一种身心锻炼方法。

我们在习练气功时提到的气是后天之气，是来自呼吸的气，是直接从空气中吸入的气，不需要任何转化，因此，健身气功的习练与我们吸入的空气质量密切相关。

武术习练者做拉伸运动

气功流派

与几个世纪以来，气功演化为5个重要流派。

道家气功：其宗旨是与自然及其规律相结合，寻求与道的共融。

儒家气功：主张修习气功以强身健体，形成良好的品格，提升个人修养。

佛家气功：通过强身健体以进一步明心见性，其目的是寻求开悟。

医家气功：是一种预防和治疗疾病的方法，历经多年发展，其宗旨是研究、评估和完善气功。

武术气功：旨在提高不同武术习练者的体能。现在流行的武术气功有以技击为主和以养生为主之别：以技击为主的有太极拳、形意拳等，以养生为主的有易筋经等。

基本特征

不管所讨论的气功类型如何，它们都具有3个共同的特征：调身、调息、调心。

调身：调身是基础。它是健身气功习练的第一阶段，主要是调整身体姿势和动作。

习练者应按照教练的指示或示范来练习。保持平静的心态。

调息：调息就是调整呼吸。我们将呼吸分为3个阶段：吸气、呼气和停顿。成人的呼吸与健身气功习练者的呼吸的区别在于后者对横膈膜和腹部的运用：吸气时（阴）在横膈膜的帮助下将空气送到肺底部，呼气时通过腹部收缩将气排出（阳）。

呼吸方法有自然呼吸法、胸式呼吸法、腹式呼吸法、逆腹式呼吸法、深长呼吸法、止息呼吸法等。习练者可以根据自己的情况采用任意一种。一般来说，对于基础的呼吸，建议采用自然呼吸法和腹式呼吸法：通过鼻子轻轻吸气，暂停，然后通过嘴轻轻呼气，暂停。

调心：调心是核心，决定了练习健身气功的效果。

任何健身气功都必须调身、调息和调心。要做到这几点，习练者必须寻求内心的平静，可以先尝试放松身体，然后放松精神；注意身体姿势、动作和呼吸可以帮助我们平静下来，从而将调身、调息和调心这3个方面自然地融合在一起。

僧人坐禅

对实践的建议

遵守练功规则才能有所进步。以下我们重点介绍练习健身气功的一些规则。

- 不要抱有错误的期望或先入之见。
- 如果情绪低落，则不要练习。
- 避免暴露在风中或在恶劣的天气条件下练习。
- 控制感官，以免分心。
- 调节活动和饮食，提高食物质量。
- 穿着舒适宽松的衣服，避免佩戴会导致呼吸困难的腰带。
- 不要在空腹或过饱的情况下练习。
- 始终吞咽习练过程中产生的唾液。
- 定期、安全和耐心地练习。
- 注重质量而不是数量。每天练习几分钟比偶尔投入大量时间练习的效果要好。同时，最好只学习几个动作并把它们做好，而不是学习很多动作却个个做不到位。

重复次数

每个动作至少重复4次。

双手托天理三焦

这个动作的目的是伸展脊柱,通过三焦活络全身。站立可以锻炼腓肠肌和脚踝。

准备姿势

双腿分开,与肩同宽,双手手指交叉放在腹部前面。

动作要点

两手掌上托到胸部高度,手掌向外翻转,然后双臂继续向上伸展,直至双手到达头顶上方。最后双手从身体两侧放下,恢复到准备姿势。

准备姿势

肱桡肌

两掌上托时应抬头目视双手手背。胸部伸展。

双臂尽量伸直。

双臂上托到头顶后,头摆正,目视前方。

肱二头肌

肱三头肌

三角肌

肘关节伸直,不可耸肩。

竖脊肌

半膜肌

半腱肌

股二头肌

腓肠肌

股外侧肌
(股四头肌)

股直肌
(股四头肌)

股内侧肌
(股四头肌)

呼吸

两掌上托时用鼻子吸气,双手放下时用嘴呼气。

转体望月

此动作旨在放松和调动腰部和臀部肌肉。

准备姿势

双腿分开，与肩同宽。两前臂以肘关节为轴屈曲、右摆。

动作要点

上半身向左转动时双臂向左后方挥，头往左后方转，仿佛望月似的。然后恢复到准备姿势。再向右重复动作。

准备姿势

呼吸

上半身转动时用鼻子吸气，恢复到准备姿势时用嘴呼气。

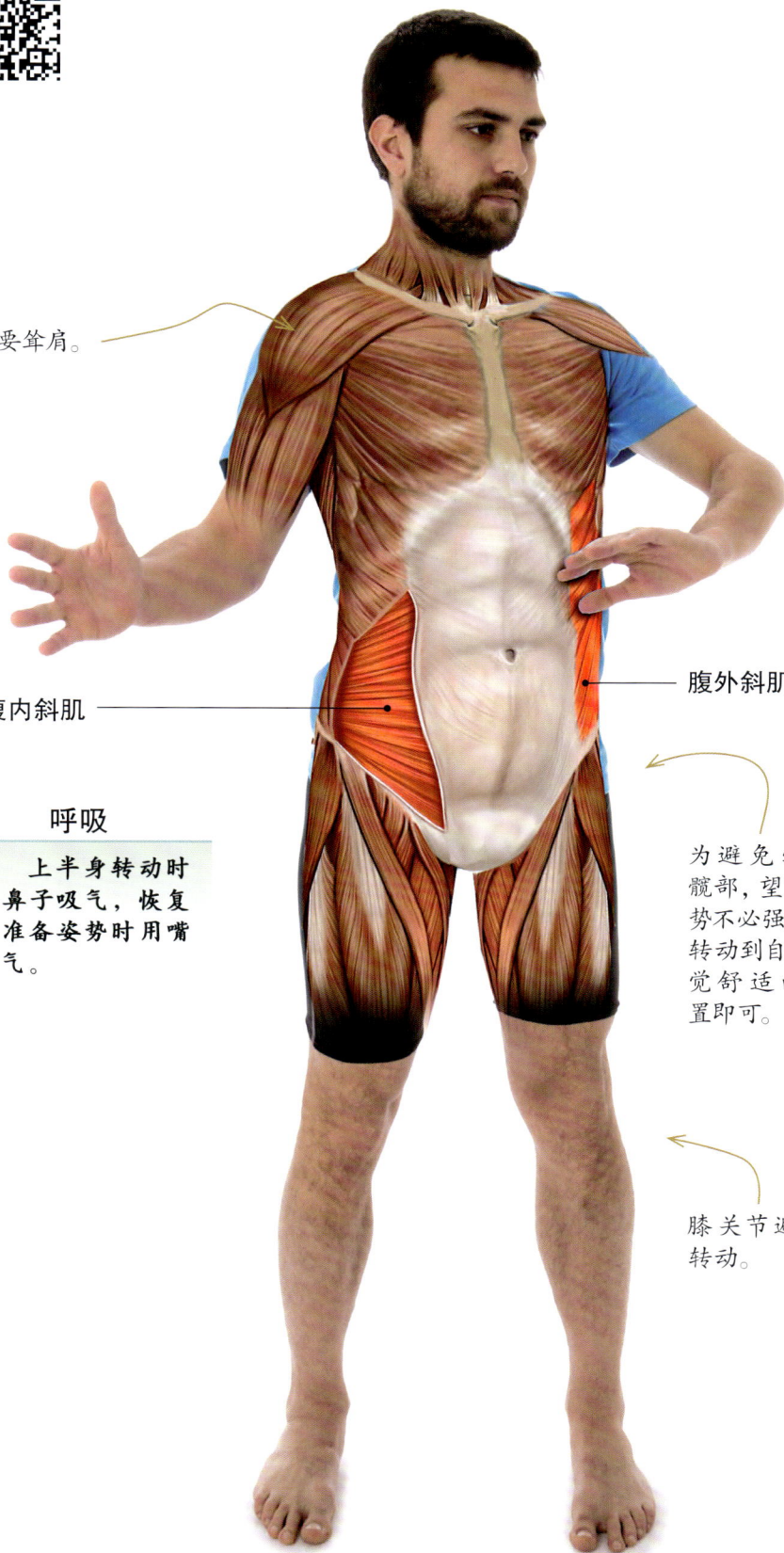

不要耸肩。

腹内斜肌

腹外斜肌

为避免牵拉髋部，望月姿势不必强求，转动到自己感觉舒适的位置即可。

膝关节避免转动。

转腰推掌

练习这个动作可以锻炼骨盆带的肌肉，还可以提高手臂和肩膀的活动能力，因为随着颈部的转动我们可锻炼到部分背部肌肉和颈椎。

准备姿势

双腿分开，与肩同宽。双手握拳，拳心朝上，分别放在腰部两侧。

动作要点

左手肘关节后拉，右手拳变掌向前推出，头颈部同时向后转。然后回到准备姿势做另外一侧的动作。

尽量保持手臂伸直且手指向上。

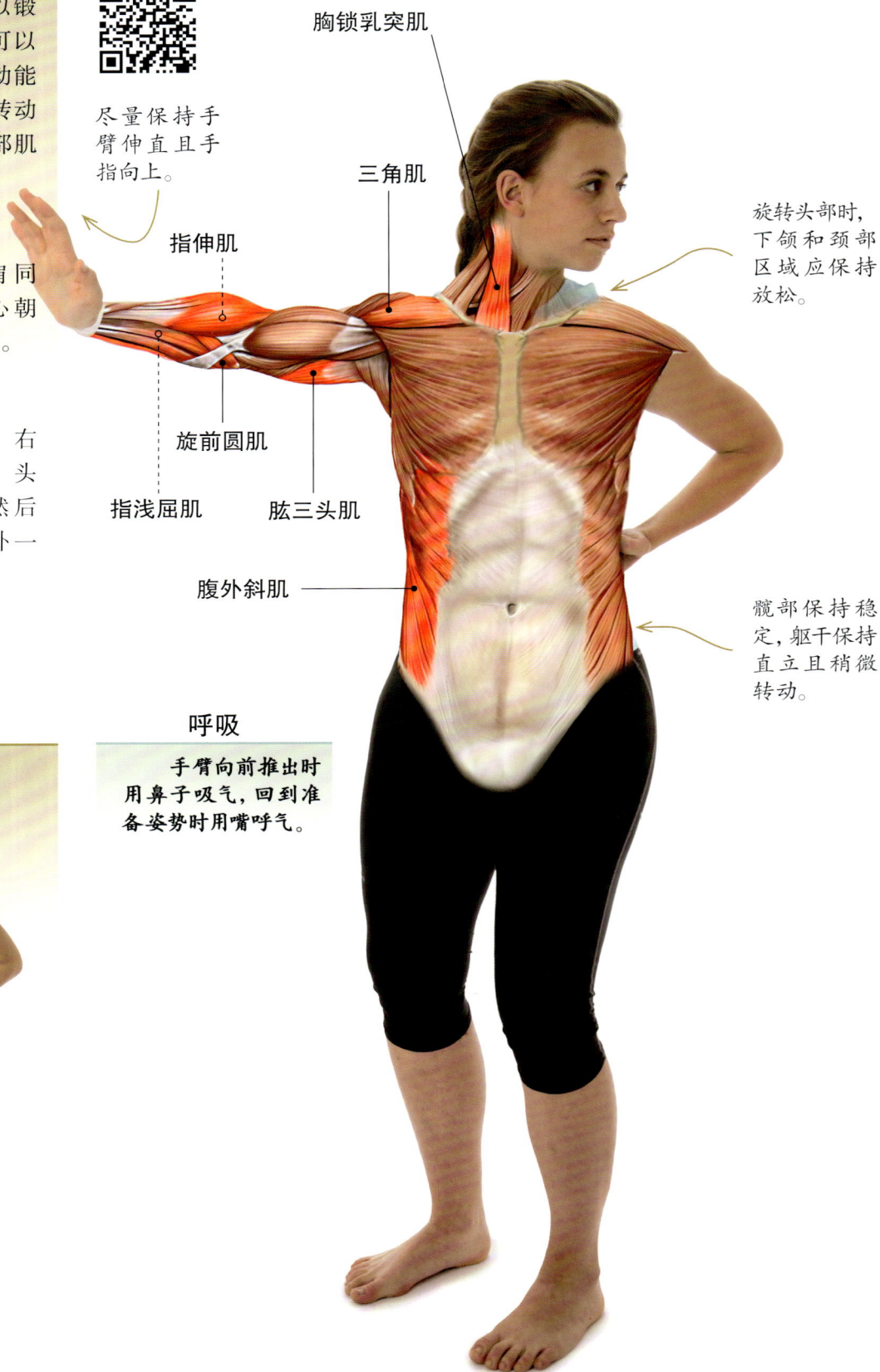

胸锁乳突肌

三角肌

指伸肌

旋转头部时，下颌和颈部区域应保持放松。

旋前圆肌

指浅屈肌

肱三头肌

腹外斜肌

髋部保持稳定，躯干保持直立且稍微转动。

准备姿势

呼吸

手臂向前推出时用鼻子吸气，回到准备姿势时用嘴呼气。

青龙探爪式

这个动作可以拉伸腰背部和小腿，从而减轻这些区域可能出现的疼痛。通过同时伸展手指和手臂，我们可以使上肢获得更大的灵活性和更好的肌张力。

准备姿势

双腿分开，与肩同宽。左臂于腰部屈曲，掌心向外。右臂向上屈曲，右手呈爪状，掌心向内，目视掌心。

动作要点

右臂由屈肘状态向身体左侧水平伸出，躯干随之向左转90°。身体向左前屈曲的同时，右爪变为掌。

然后腰部自左向右转，并带动右手经左脚前画弧至右脚外侧。上身慢慢直立。右侧动作与左侧动作相同，唯方向相反。

准备姿势

臀大肌
腹外斜肌
背阔肌
大圆肌和小圆肌
腓肠肌

髂肋肌
最长肌
棘肌
半棘肌
肱二头肌
指伸肌
尺侧腕伸肌
尺侧腕屈肌
桡侧腕屈肌

双手手指伸直，在不拉伤脊柱的前提下尽量下腰，感受脊柱节节抻拉拔长。

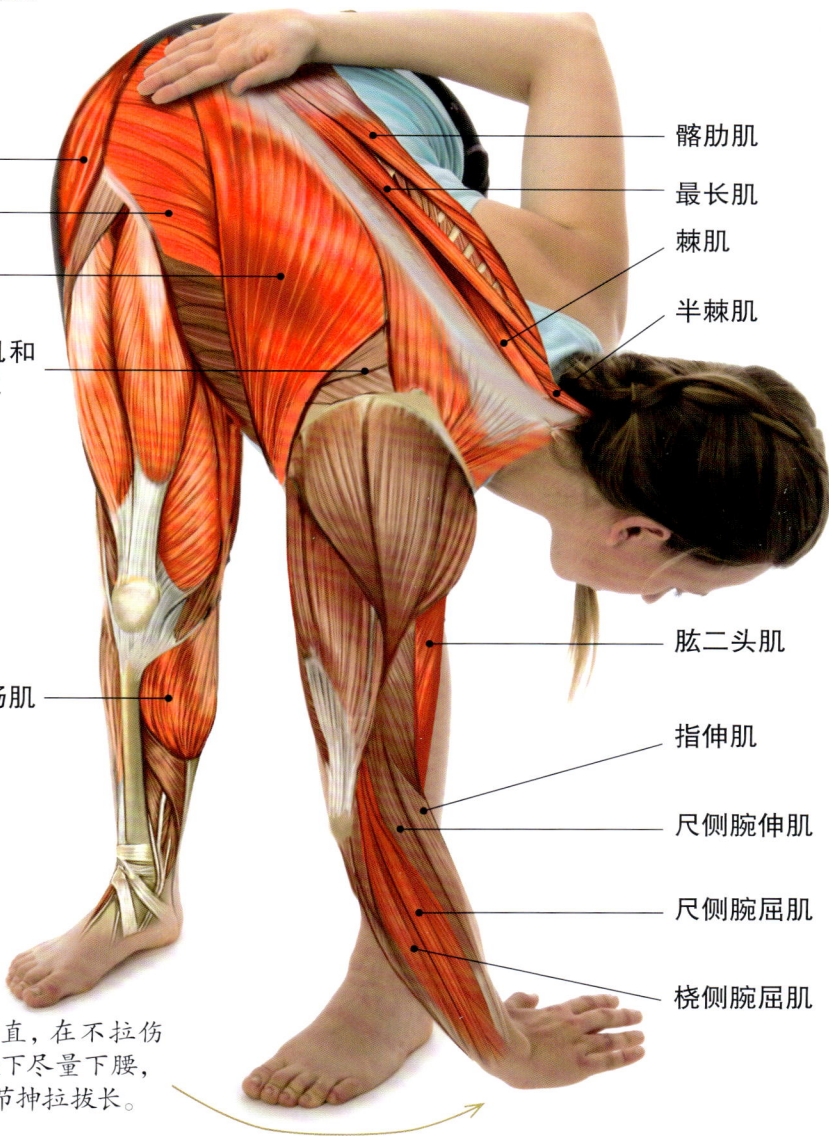

这个动作非常适合伸展脊柱，不仅可以锻炼腰背、腿部，还可以调理膀胱经。

准备姿势

双腿分开，与肩同宽，双手十指交叉合抱于脑后。

动作要点

身体前俯，头、颈椎、胸椎、腰椎、骶椎依次向前屈。停顿片刻后骶椎、腰椎、胸椎、颈椎和头依次伸直，恢复到准备姿势。

胸棘肌　髂肋肌　最长肌

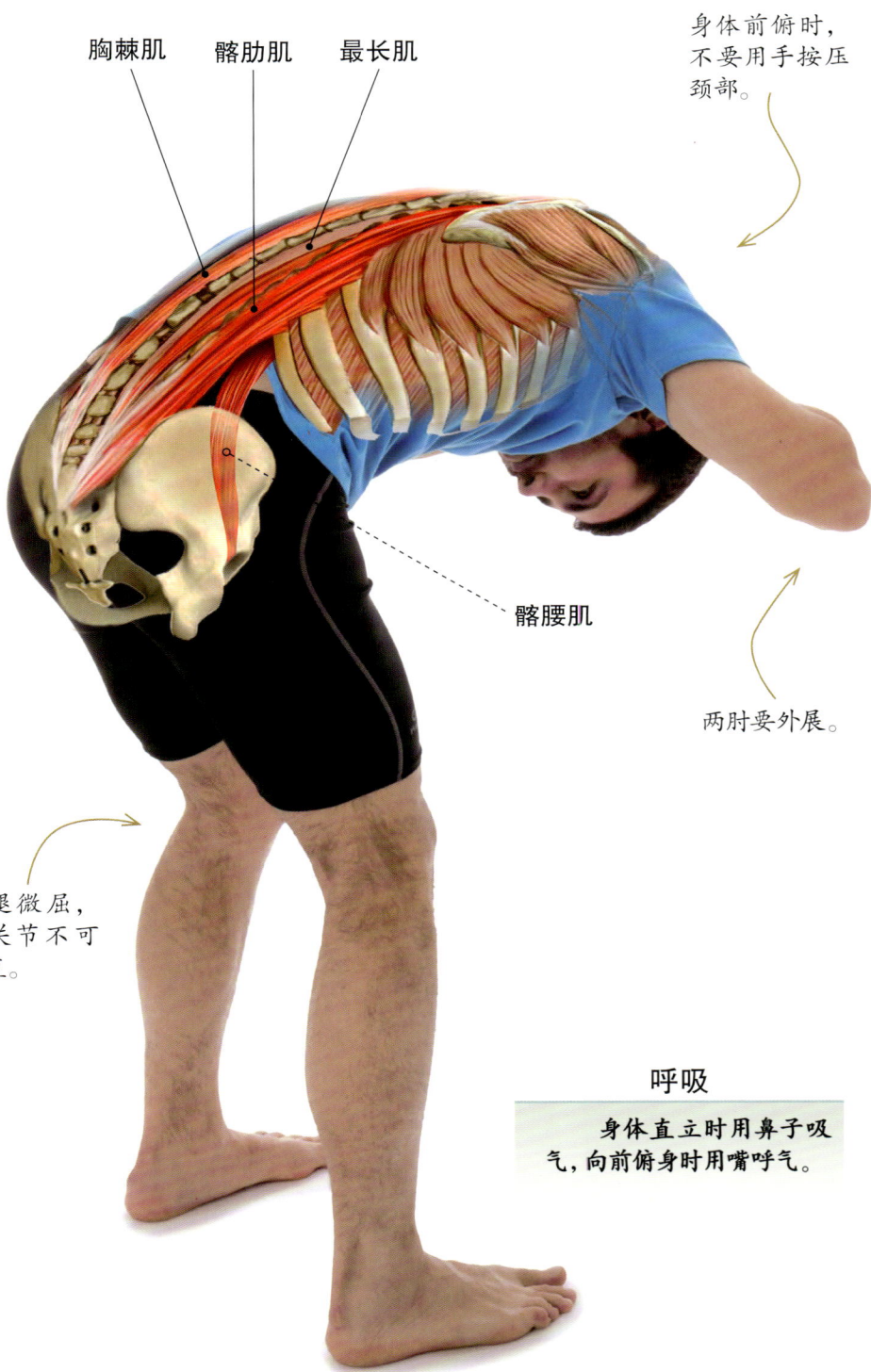

身体前俯时，不要用手按压颈部。

髂腰肌

两肘要外展。

准备姿势

双腿微屈，膝关节不可僵直。

呼吸

身体直立时用鼻子吸气，向前俯身时用嘴呼气。

4

站桩

背景

王芗斋（1886—1963年），自幼习武，师从郭云深大师，专攻站桩。1907年，离师出游，接触了不同的武术种类，如形意拳、八卦掌等。

20世纪20年代，王芗斋大师在经过了数十年的亲身实践和理论研究后，创立了"意拳"。意拳以站桩功为本。

1958年，王芗斋先生应邀到北京中医研究院教授站桩功，自此开启了他对中国拳术在医疗保健方面的作用的研究。

站桩的作用

站桩解释起来简单，但实践起来却很难，因为站桩的第一个要求就是长时间站

站桩有利于健康

着，什么都不做。西方人觉得这很奇怪，因为我们习惯于不断地活动。

我们的大脑白天过度劳累，晚上在我们睡觉的时候也持续处于疲劳状态，这会对我们的健康产生负面影响，导致免疫系统变得迟钝，失去效力，结果就是引发头痛、失眠等，在某些情况下还会引发严重的疾病。站桩可使大脑得以休息，改善睡眠，对调整我们的生活方式并恢复整体健康有重要的作用。

站桩可以让神经和肌肉系统协同工作，放松身心，提升肌肉链的功能表现。

站桩可以通过强化手臂和腿部的力量来提高身体素质，通过强化背部肌肉的力量来矫正不良姿势，通过平静呼吸来减轻身心压力。

根据锻炼目的，站桩可大致分为养生桩和技击桩两种练法。

树木是站桩修炼的灵感来源

养生桩

中医学把人体内在的重要脏器分为脏和腑。"脏"是指实心脏器，包括心、肝、脾、肺、肾，"腑"是指空心脏器，包括小肠、胆、胃、大肠、膀胱和三焦。三焦是上焦、中焦和下焦的统称，是人体的气之通道，三焦里都蕴含着人体的"生命之气"。

■上焦：横膈以上的区域为上焦，包括心、肺。上焦不通则易引发心脑血管疾病。

■中焦：横膈以下、脐以上的区域为中焦，包括脾、胃、肝、胆等。中焦不通则会诱发消化系统疾病。

■下焦：脐以下的区域为下焦，包括肾、大肠、小肠、膀胱。下焦不通则会出现泌尿系统疾病。

站养生桩可以调节呼吸，畅通气血，舒筋通络，温养肌肉，使神经系统得到充分的休息，改善内脏器官功能，从而达到通达三焦、保健养生的效果。

养生桩的动作要点：两脚平行开立，与肩同宽；脚掌均匀贴地；脚尖朝前；膝盖微屈，方向与脚尖一致；上身保持自然松直；臀部微后坐；松肩沉肘，两臂呈圆形抱于胸前；两手掌心含空相呼应；手不折腕，指不上翘；腋窝虚空；头略上顶，下颌微内收，形成松直的外在表现；目视前方或闭目养神；呼吸自然。

这个静站姿势并不意味着静止不动，否则会显得僵硬。在习练时，我们可以用一些小动作进行微调，避免身体某些部位因紧张而气滞。

技击桩

技击桩旨在锻炼身体的不同部位，提高技击基本能力。练习技击桩要配合实战性的意念。

站桩不需要热身，但是武术实战需要热身。在实战前需要做好如下准备。

■活动关节。
■做拉伸运动或练气功，然后开始技击桩的练习。

本章将介绍混元桩、按扶桩、推托桩、三体式、撑抱桩和伏虎桩的养生桩练法。

养生桩的一般站立姿势

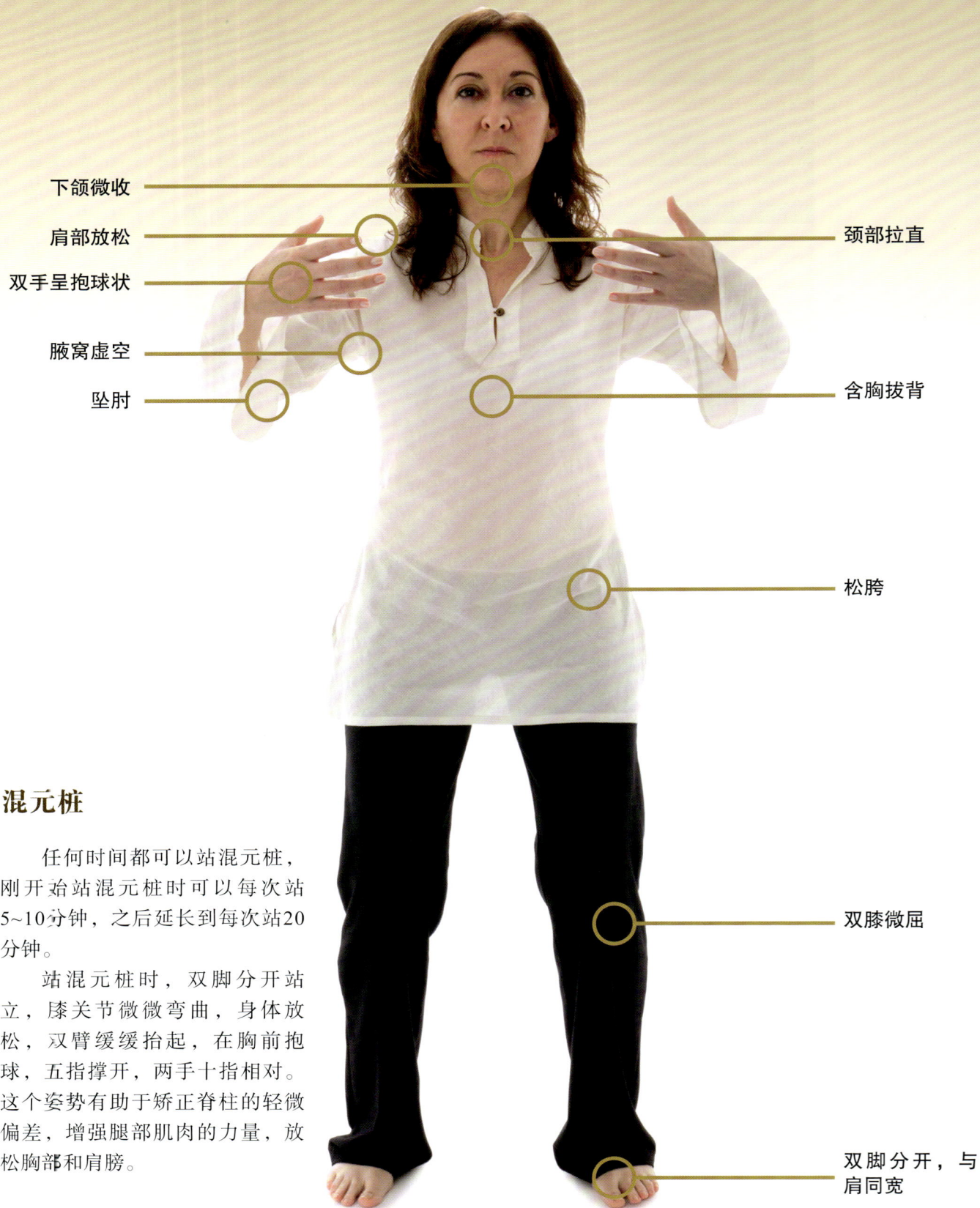

混元桩

下颌微收

肩部放松

双手呈抱球状

腋窝虚空

坠肘

颈部拉直

含胸拔背

松胯

双膝微屈

双脚分开，与肩同宽

混元桩

　　任何时间都可以站混元桩，刚开始站混元桩时可以每次站5~10分钟，之后延长到每次站20分钟。

　　站混元桩时，双脚分开站立，膝关节微微弯曲，身体放松，双臂缓缓抬起，在胸前抱球，五指撑开，两手十指相对。这个姿势有助于矫正脊柱的轻微偏差，增强腿部肌肉的力量，放松胸部和肩膀。

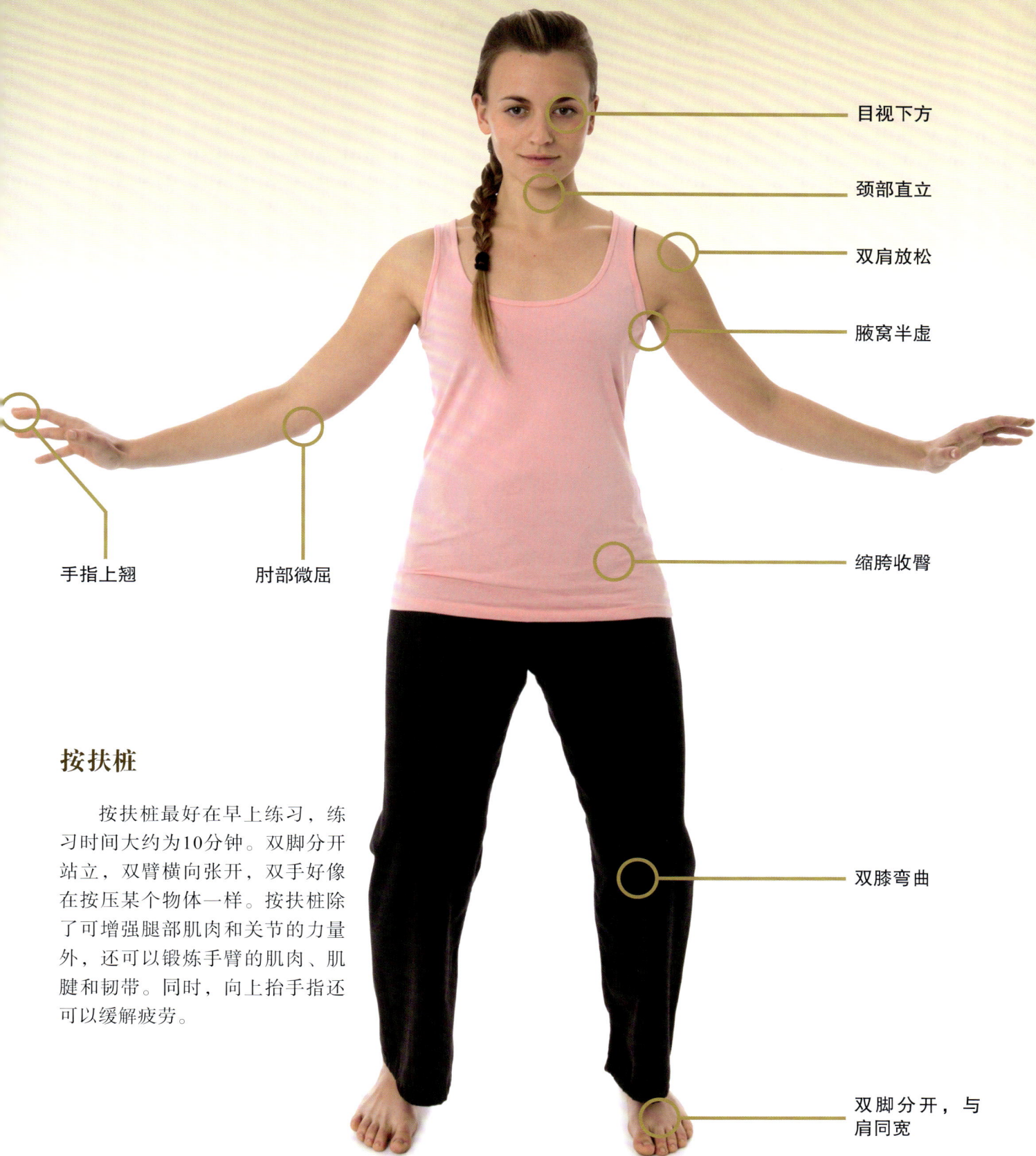

按扶桩

目视下方

颈部直立

双肩放松

腋窝半虚

手指上翘

肘部微屈

缩胯收臀

双膝弯曲

双脚分开，与肩同宽

按扶桩

　　按扶桩最好在早上练习，练习时间大约为10分钟。双脚分开站立，双臂横向张开，双手好像在按压某个物体一样。按扶桩除了可增强腿部肌肉和关节的力量外，还可以锻炼手臂的肌肉、肌腱和韧带。同时，向上抬手指还可以缓解疲劳。

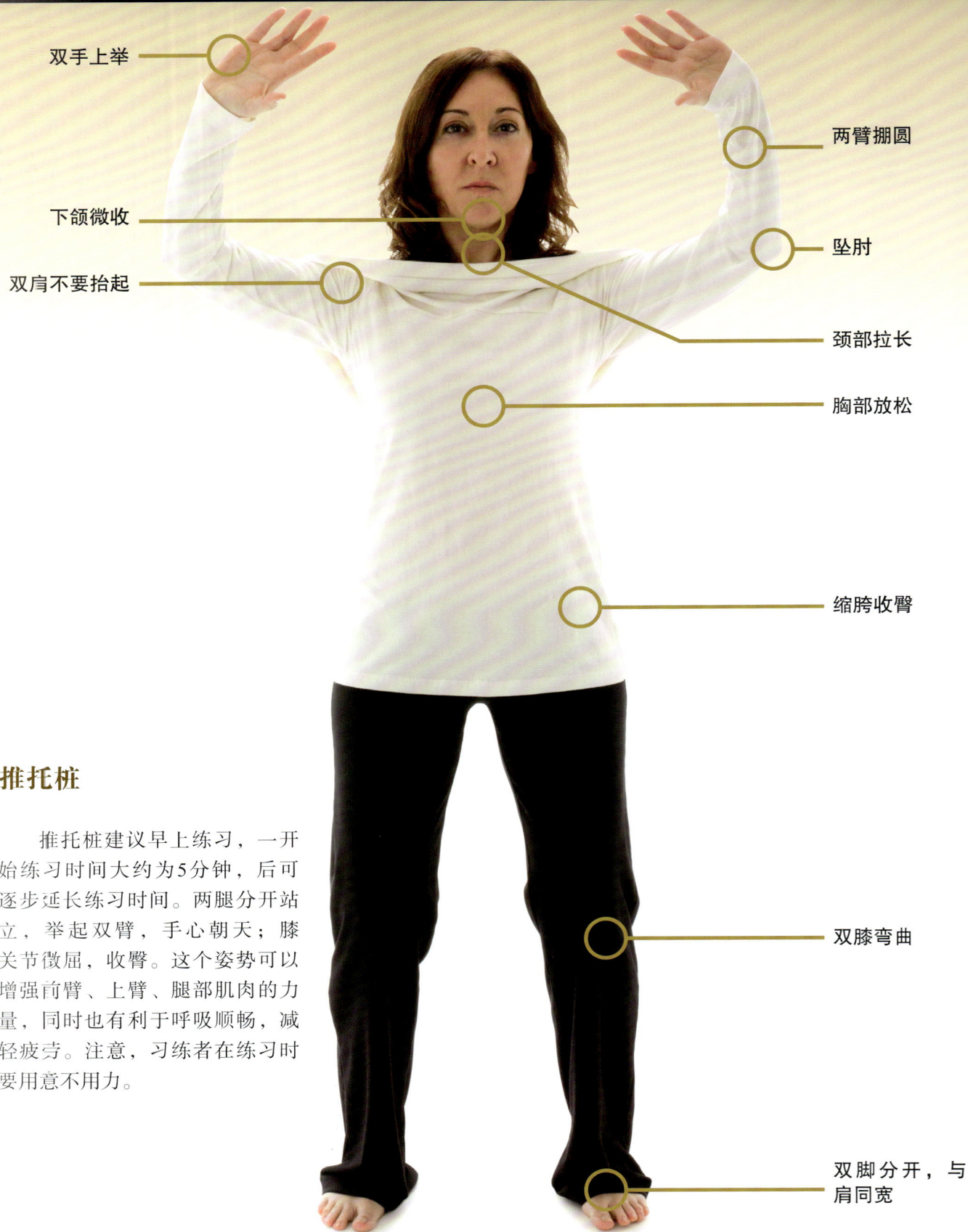

推托桩

双手上举

两臂掤圆

下颌微收

坠肘

双肩不要抬起

颈部拉长

胸部放松

缩胯收臀

推托桩

  推托桩建议早上练习，一开始练习时间大约为5分钟，后可逐步延长练习时间。两腿分开站立，举起双臂，手心朝天；膝关节微屈，收臀。这个姿势可以增强前臂、上臂、腿部肌肉的力量，同时也有利于呼吸顺畅，减轻疲劳。注意，习练者在练习时要用意不用力。

双膝弯曲

双脚分开，与肩同宽

三体式

顶头竖项

下颌内收

双肩下沉

肘尖下垂

示指向上挑劲

指尖微屈

肘部放松

缩胯收臀

舒胸实腹

重心主要落在后腿上，前后重心比例为3：7

前膝屈弓不要超过踝关节

三体式

　　三体式是形意拳里最重要的桩法。身体自然直立，然后左脚向前迈出一步，右脚不动，重心略偏向右腿，左臂伸出，右臂放在腹部前方。呼吸自然。左右两侧各练5分钟。

撑抱桩

颈部拉长

下颌稍内收

双肩放松

右臂向内裹
抱成弧形

含胸拔背

双肘下沉

左臂以掤撑为主

敛臀坐胯

重心落在后腿上

双膝微屈

撑抱桩

撑抱桩有点儿像展示新生儿的姿势。身体直立，将重心放在后腿上。两臂前平举，拇指尖朝上。这种姿势可以增强腿部、手臂和背部肌肉的力量，对增强抓地力也有一定的作用。刚开始练习时可以先保持5分钟。

前脚足尖点地，
充分放松

伏虎桩

虎口撑圆

上臂与躯干成45°角

颈部拉长

下颌内收

双肩放松

含胸

缩胯收臀

双膝弯曲

重心落在后腿

前脚脚尖微扣5°～10°

伏虎桩

　　站伏虎桩时，想象自己如一只老虎在跳跃，爪子正扑向猎物。身体的重量放在后腿上。抬起并伸展双臂，不要抬肩；肘部弯曲，双手好像向下推一样。这个姿势能增强手臂的肌肉力量，也可充分伸展肩部和腿部的关节。练好伏虎桩有助于在技击中获得更大的推力或向下的压力。建议每天练习几分钟，以预防肩膀扭伤。

5

太极拳

套路

太极拳套路是由一系列连贯招式组成的。招式一个接一个地完成，没有间断，一套拳就好像只有一个招式一样。

太极拳套路分徒手套路和器械（剑、扇子、棍等）套路。

单鞭

太极拳是一种内家拳。因为它以缓慢的动作保持身体的能量平衡，提高我们的运动能力和缓解快节奏生活给我们带来的压力，因此，目前它更多的是被人们当作一种健身方式。我们可以通过习练太极拳来调和身体、思想和精神。

任何年龄段的人都可以习练太极拳。

学练太极拳涉及5个方面。

- 站桩。
- 气功。
- 套路。
- 推手。
- 技击应用。

静态的桩功

技击应用

太极拳的套路是一连串的招式，如果要想在这门拳法上有所进步，就必须知道每个招式的实战应用。

了解太极拳招式在实战中的应用，不仅可以自卫防身，而且可以把意念放在身体的不同区域，有助于提高我们的身体意识。

技击技法

摔

摔是使用推力、缠腿、勾足、挑腿来使对手因失去平衡而摔倒。

拿

拿是用反关节手法控制对手的某个关节，即集中力量攻击对方的薄弱之处，使其产生生理上无法抗拒的疼痛，达到拿其一处而擒之的效果。

点穴或打穴

攻击对手身体的敏感部位或穴位以击倒他。

单推手

推手

推手是太极拳技击技术的训练方法，形式有单推手、双推手、定步推手和活步推手等，主要用于提高灵敏性和感悟劲力等。通过推手训练，我们可以感受对方的力量，学会借力使力。

太极拳推手的基本方法有掤（推开）、捋（顺势向侧方或向后牵引）、挤（向前、向外推挤）、按（向下、向前推按）、采（使对方失去平衡跌倒）、挒（横向分化或进击对方）、肘（用肘关节制约、攻击对方）、靠（用肩撞对方）8个。

在初始阶段，双方宜慢推，改变用力的大小、方向和节奏，以便每个习练者都能听到对方的劲。此阶段的练习应没有输赢之分，双方要保持接触，不丢不顶。

野马分鬃动作的攻防应用

24式太极拳简介

师傅表演太极枪法

24式太极拳招式名称

预备势
1. 起势
2. 左右野马分鬃
3. 白鹤亮翅
4. 左右搂膝拗步
5. 手挥琵琶
6. 左右倒卷肱
7. 左揽雀尾
8. 右揽雀尾
9. 单鞭
10. 云手
11. 单鞭
12. 高探马
13. 右蹬脚
14. 双峰贯耳
15. 转身左蹬脚
16. 左下势独立
17. 右下势独立
18. 左右穿梭
19. 海底针
20. 闪通臂
21. 转身搬拦捶
22. 如封似闭
23. 十字手
24. 收势

历史

1956年，中国国家体育运动委员会（现为国家体育总局）在杨式太极拳的基础上，创编成了24式太极拳，又称为简化太极拳。

习练24式太极拳时，必须遵循太极拳的基本要领。下文将介绍杨澄甫口授、陈微明笔述的"太极拳十要"。

杨澄甫搂膝拗步拳照

习练杨式太极拳需遵循太极拳十要。

理解太极拳的要领是习练太极拳取得进步的关键，无论习练什么套路，即使是简化的24式太极拳，这些要领也要贯穿其中。

太极拳教学

传统的太极拳教学一般是先教单个招式，学生学会了之后，再把这些招式连起来，形成我们现在看到的流畅的套路。杨澄甫发现这种教学方式不利于太极拳的普及，于是，他教那些以养生为目的的人套路，而对那些愿意钻研太极拳的学生，则先教单个招式，直到他们将单个招式练得标准、熟练之后再把这些招式合起来练。

第一次上太极拳课时，师傅一般首先教我们步法，因为步法贯穿于每个招式。学习步法，重要的是要分清虚实，也就是说，要知道把重心放在哪条腿上。支撑身体的那条腿是实腿，另一条腿是虚腿。分清虚实有助于我们在保持身体稳定的同时向前、向后移动或转身，并有助于我们做到步法轻盈、动作流畅。

然后师傅会让我们结合手臂和腰部的运动，意识到放松的重要性。先熟悉单个招式，注意这些招式的要领，再寻求整套招式的协调。要注意动作连贯，一动无有不动，心静神宁。我们永远要记住，太极拳是内外兼修的运动。

太极拳十要

1. 虚灵顶劲
2. 含胸拔背
3. 松腰
4. 分虚实
5. 沉肩坠肘
6. 用意不用力
7. 上下相随
8. 内外相合
9. 相连不断
10. 动中求静

分解动作图解

预备势　　　　起势

左右野马分鬃

左右搂膝拗步

白鹤亮翅

左右倒卷肱

手挥琵琶

左揽雀尾

右揽雀尾

单鞭

云手

单鞭

右蹬脚

转身左蹬脚

左下势独立

高探马

双峰贯耳

右下势独立

左右穿梭

海底针

闪通背

转身搬拦捶

十字手

如封似闭

收势

双腿并拢，双臂自然下垂于身体两侧。足跟并拢，脚尖朝前。双腿自然伸直，膝关节放松，身体重心都放在足底，足底与地面完全接触。腰胯自然松沉，若腰胯能做到松沉，则其他各关节和肌肉也能放松。两肩放松，肘部自然张开，微屈；手指自然伸展，贴于大腿外侧，掌心向内。颈部自然松直，下颌微微内收。面带柔和的微笑。双唇虚合，舌尖轻抵上腭。排除杂念，将注意力集中在拳上。想象有一条线垂直穿过身体，从头顶开始，沿着脊柱向下，穿过尾骨，穿过踝骨之间，直到双脚脚后跟的中间，如此来验证我们的身体是否完全放松并做好练拳的准备。

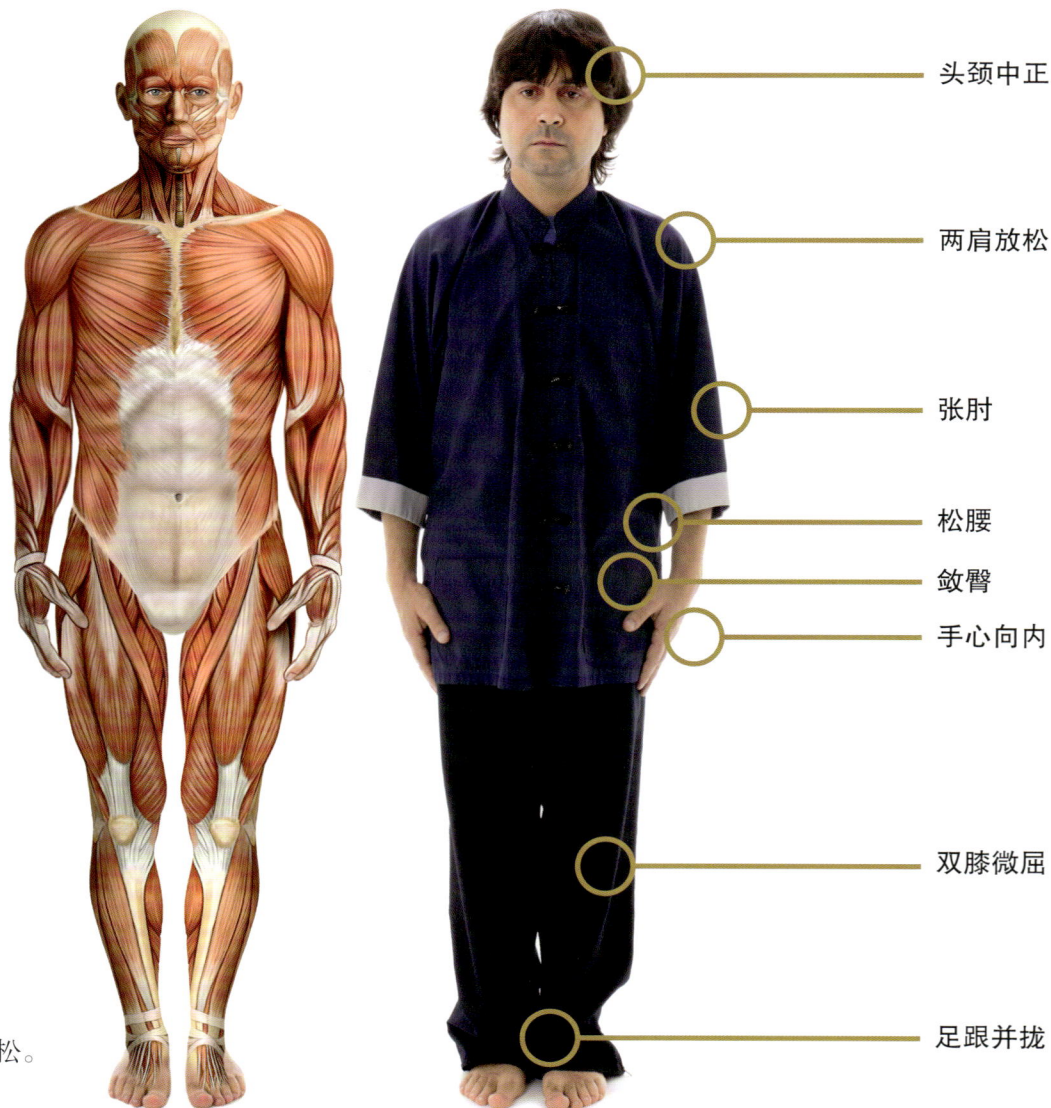

头颈中正

两肩放松

张肘

松腰

敛臀

手心向内

双膝微屈

足跟并拢

准备姿势
从头到脚都要放松。

呼吸

在预备势的完成过程中，呼吸要自然、随意，尽量做到呼吸细、深、匀、缓。有规律的、平静的呼吸会使套路演练更加流畅。

呼吸和放松密切相关。当呼吸节奏变慢时，身体会慢慢松弛下来；随着身体的放松，呼吸也会变得平稳。但不要过度关注呼吸，因为这会干扰身体恢复到自然平静的状态。

关于实践的思考

练习太极拳时要注意以下几个方面。

放松： 在练习前，要注意身心放松。首先寻求全身的整体放松，然后在练习过程中感受身体局部是否紧张，并尝试放松它。

连贯： 各个招式间自然衔接，整套拳打下来节节贯穿、连绵不断。达到这个要求需要时间和精力，因为我们需要先学习单个招式，然后把它们串联起来反复练习直到连贯流畅。

圆活： 上肢始终保持自然弯曲，尽量做圆形和弧形运动，避免手臂直入直出。

用意： 与放松有直接关系。意念集中了，周身就放松了。但也要注意，精神集中的同时，还要避免不必要的紧张。

师傅表演太极拳扇

攻防用法

甲　　　　　乙

乙抓住甲的双臂。甲为了摆脱乙，将双臂举起，并迅速抓住乙的前臂向后拉，使乙失去平衡。

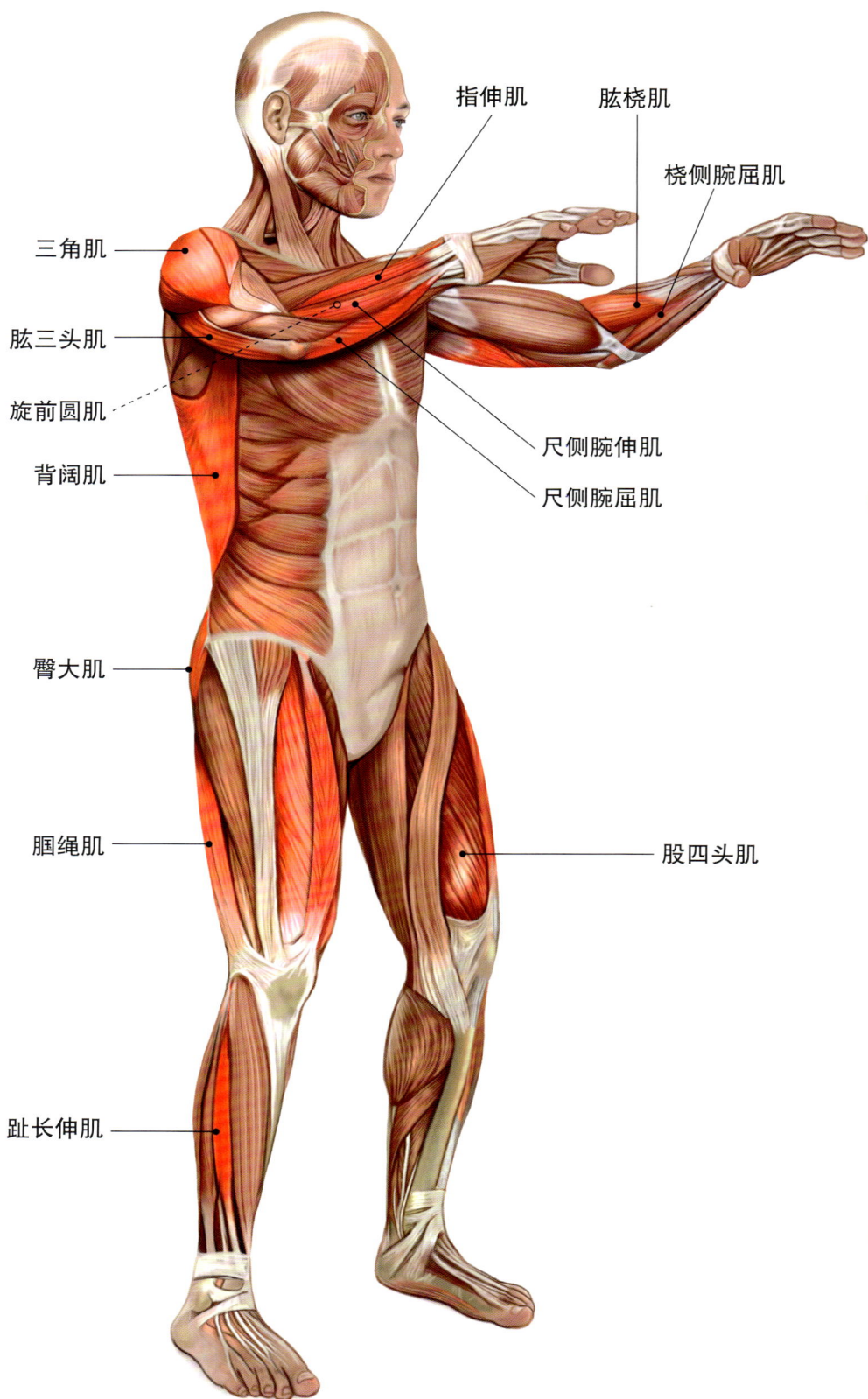

指伸肌

肱桡肌

桡侧腕屈肌

三角肌

肱三头肌

旋前圆肌

背阔肌

臀大肌

腘绳肌

趾长伸肌

尺侧腕伸肌

尺侧腕屈肌

股四头肌

1. 两脚分开，与肩同宽，两臂自然下垂。重心放在脚后跟。

2. 两手臂微屈，慢慢向上抬起并向前平伸，同时身体微微下沉。

3. 两手臂向上抬至与肩同高的位置。

4. 两手臂同时下沉，将重心转移到脚掌上。两腿缓慢屈膝至半蹲，两掌轻轻下按。

5. 身体重心保持在两脚之间。

6. 两掌下按至与脐同高。

攻防用法

乙 甲

甲用右拳攻击乙，乙丑速用右手抓住甲的右手腕并向右后下方采引。随即左脚向前上步贴靠在甲右腿外侧形成弓步，同时左手臂从甲的右腋下穿出，向左用力靠击甲右肋，使其失去平衡。

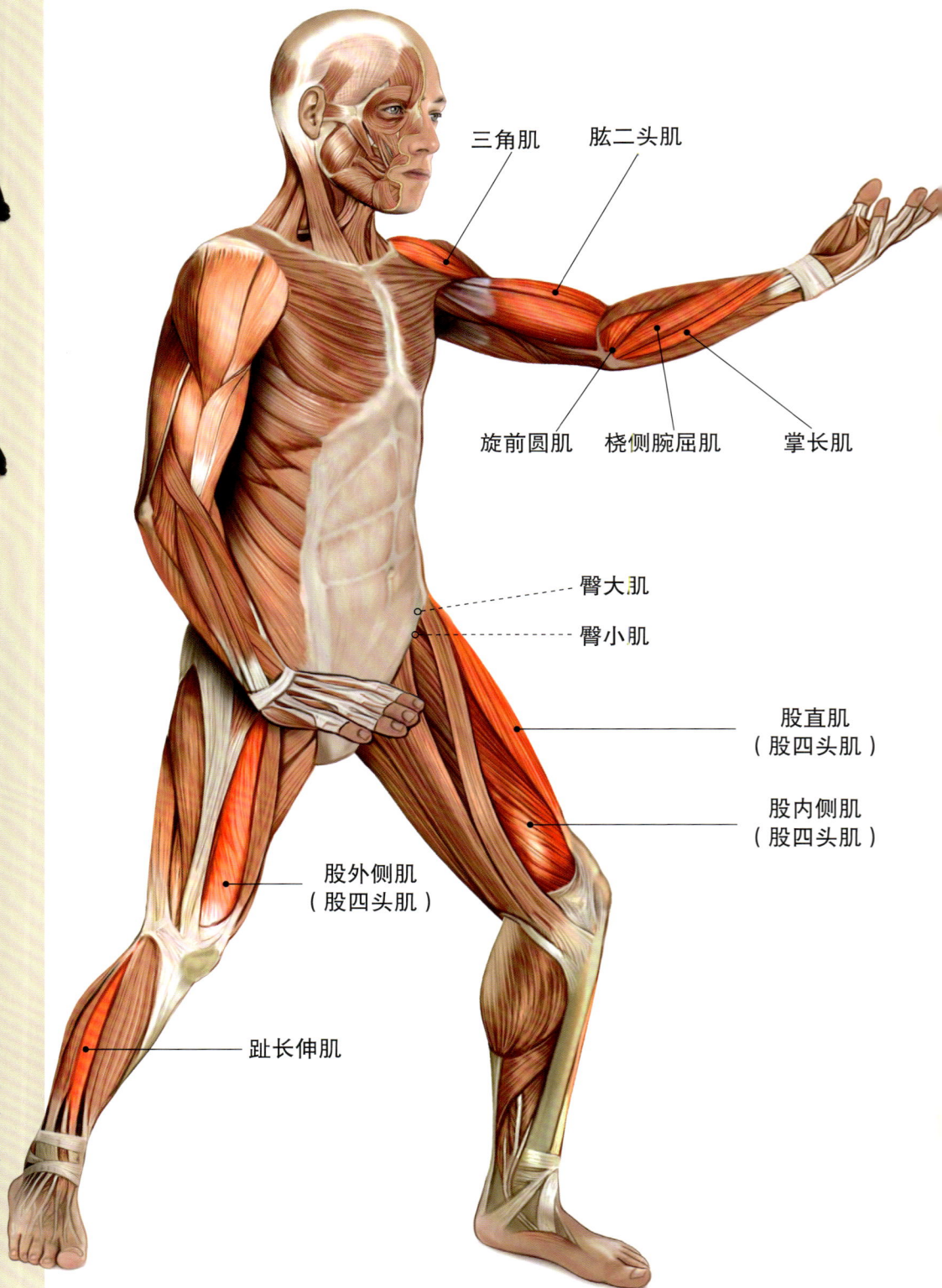

三角肌

肱二头肌

旋前圆肌

桡侧腕屈肌

掌长肌

臀大肌

臀小肌

股直肌（股四头肌）

股内侧肌（股四头肌）

股外侧肌（股四头肌）

趾长伸肌

1 　　重心移至右腿；右手臂向上方画弧，平屈于胸前，手心向下；左手经体前向右下画弧，手心向上。（编辑注：两手掌掌心应相对成抱球状。）

2 　　上身微向左转，左脚先收到右脚内侧，再向左前方迈出。

3 　　左右手随着转体分别向左上、右下分开。

4 　　重心移向左腿，右腿自然伸直。

5 　　左臂向前伸展，左手手心斜向上；右手下降至右胯旁，手心向下。

6 　　左手中指尖高度约与鼻尖齐平，眼睛通过左手指尖向前平视。右野马分鬃的动作要领同左野马分鬃，唯左右相反。

攻防用法

乙　　　甲

尺侧腕伸肌

尺侧腕屈肌

肱三头肌

臀大肌

股直肌
（股四头肌）

股外侧肌
（股四头肌）

股内侧肌
（股四头肌）

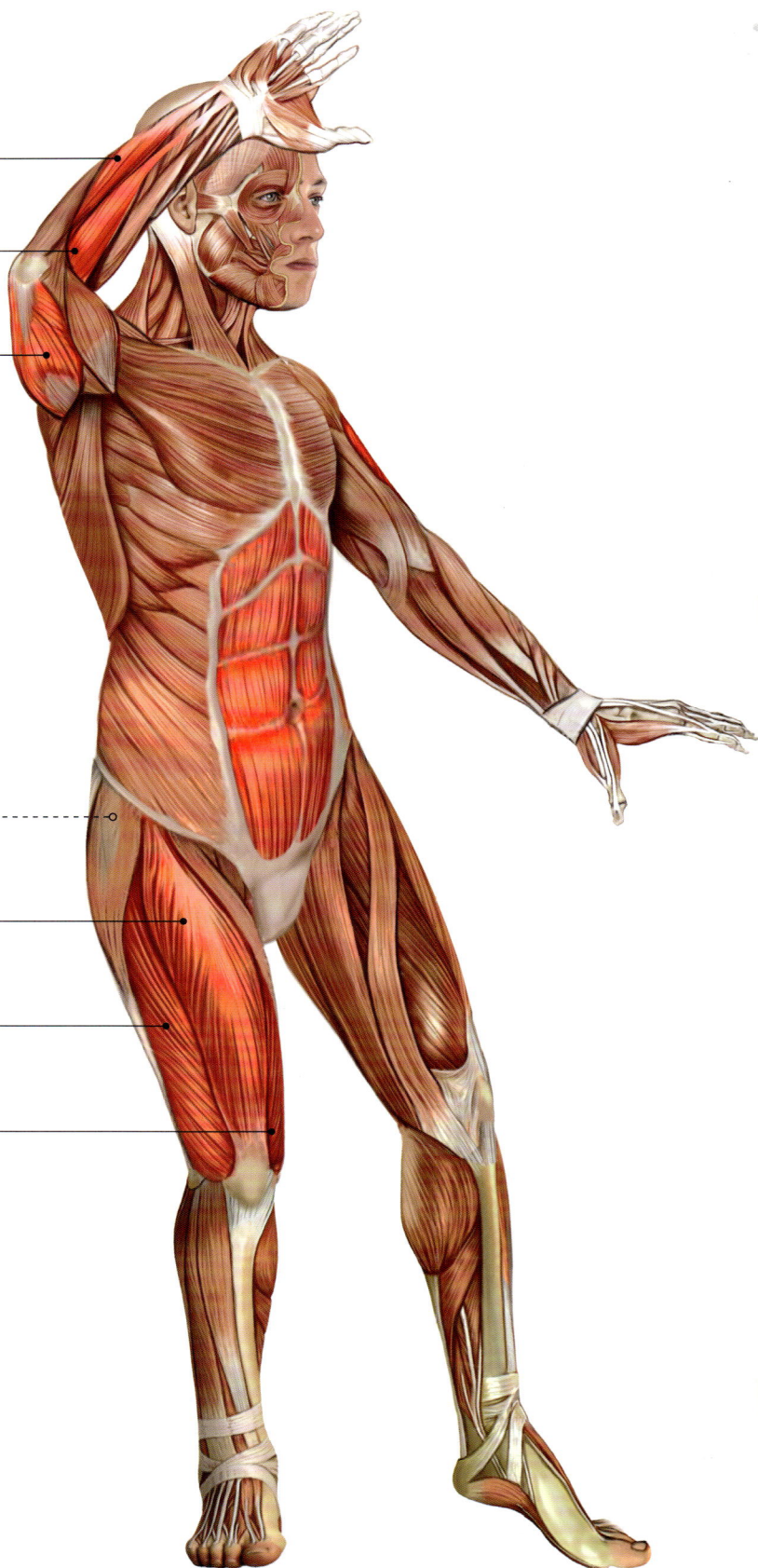

乙用双臂推甲的胸部。甲迅速伸出右臂格挡，将重心向后移至右腿，同时左脚抬起蹬向乙的小腿。

1 接上式。

2 重心前移，上身稍左转，左手翻掌使掌心向下，右手向左上画弧，手心转向上。（编辑注：此时双手应成抱球状。）

3 右脚全脚掌踏实，身体后坐，重心移至右腿，左脚移至体前。

4 两手交错分开，右手上提，左手下落。

5 眼看右手。

6 右手上提至右额前，手心向外；左手下按至左胯前，手心向下，指尖向前。眼平视前方。

攻防用法

乙　　　　　甲

甲用右拳攻击乙。乙用左手向外搂挡甲的右拳，然后身体重心前移，成左弓步，同时用右掌掌根攻击甲的下颌。

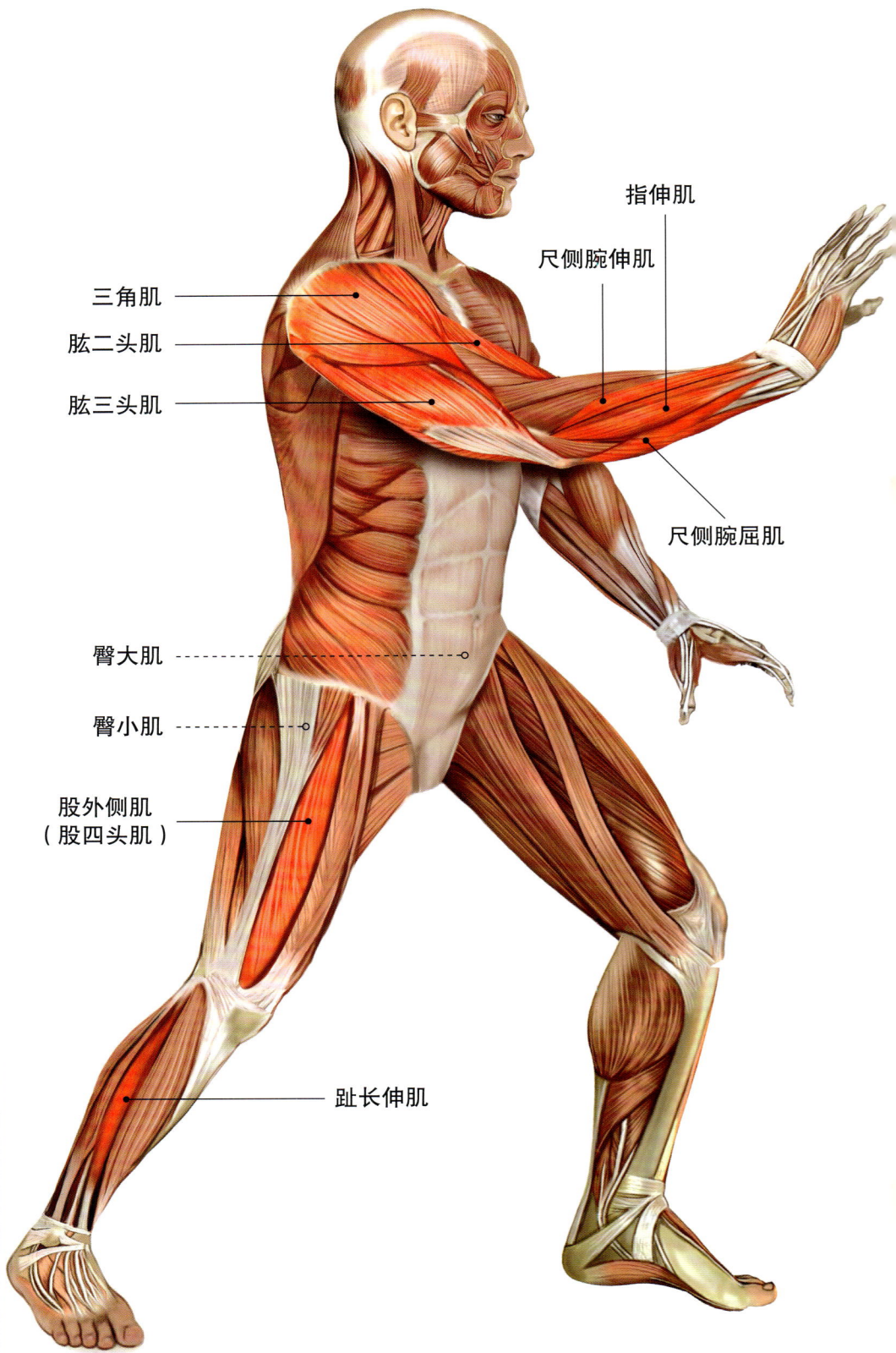

三角肌

肱二头肌

肱三头肌

臀大肌

臀小肌

股外侧肌（股四头肌）

指伸肌

尺侧腕伸肌

尺侧腕屈肌

趾长伸肌

1 接上式，重心仍在右腿。右手从身前下落，并由下方向后上方画弧至右肩部外侧，肘部微屈，手与耳同高。

2 左手由左下向上，再向右下方画弧至右胸前，手心斜向下。

3 重心仍在右腿。

4 左脚先收回到右脚内侧，脚尖点地，然后向前迈出，脚掌逐渐踏实。

5 重心逐渐移到左腿，右腿自然伸直，成左弓步。

6 右手由耳侧向前推出，高度约与鼻尖齐平；左手向下从左膝前搂过，落于左胯旁，指尖向前。右搂膝拗步的动作要领同左搂膝拗步，唯左右相反。

攻防用法

乙　　　　甲

肱桡肌

肱三头肌

三角肌

肱二头肌

尺侧腕伸肌

掌长肌

桡侧腕屈肌

旋前圆肌

指伸肌

股直肌
（股四头肌）

股外侧肌
（股四头肌）

股内侧肌
（股四头肌）

甲用右手抓拿乙的右手腕。乙转髋，转动右手腕并顺势抓住甲的右手腕，同时左手按住甲的右肘关节往下挤，利用反关节拿法制服曰。

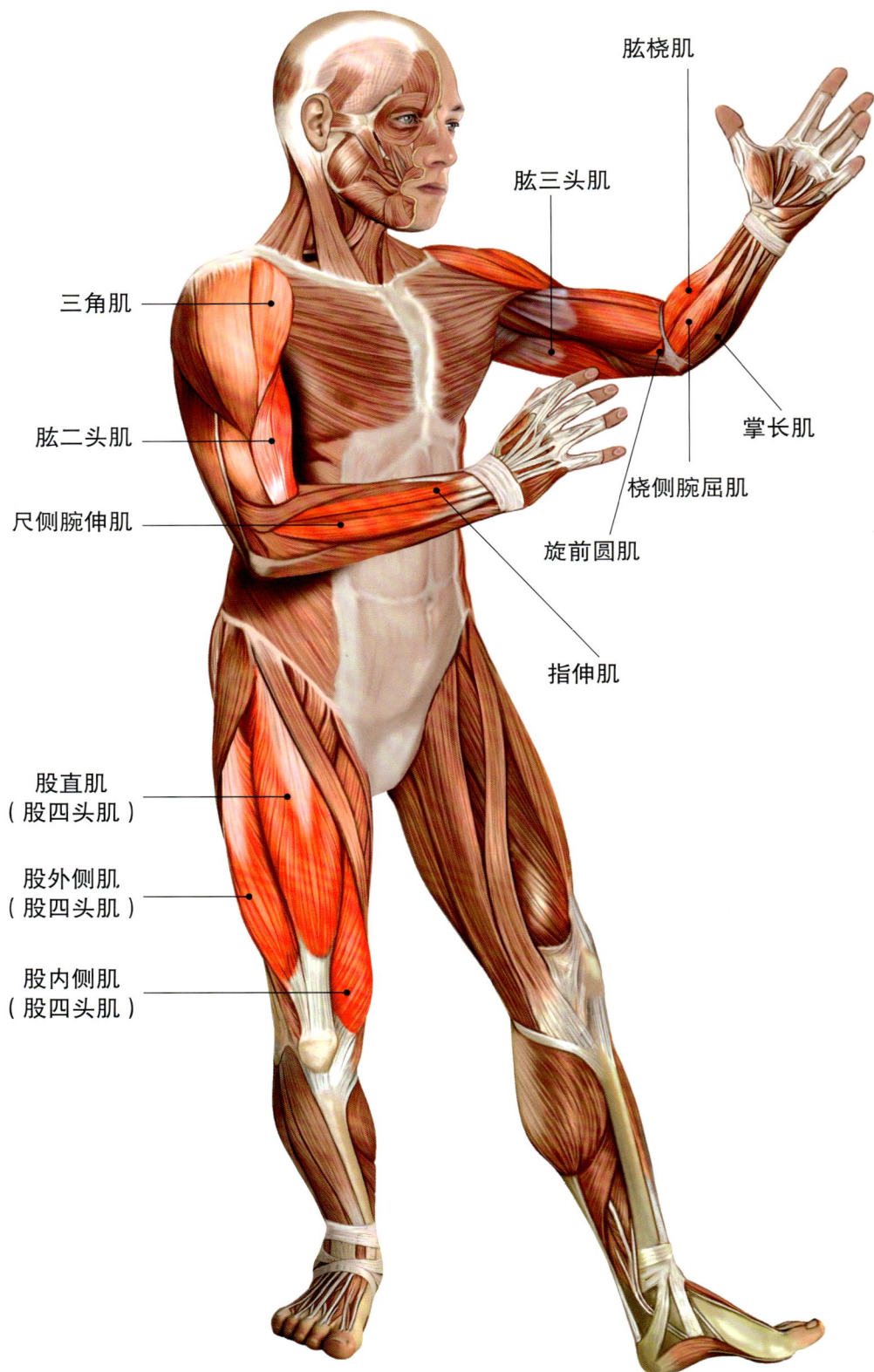

1 接上式。

2 重心向前移至左腿。

3 右脚跟进半步,落到左脚后。

4 上身微微右转后坐,重心移至右腿。

5 随身体后坐,左手由下方向上、向前挑举,掌心向右。右手收回至左肘内侧。

6 左脚提起并稍向前移动,脚跟着地;两手合力,内有裹劲。

攻防用法

乙　　　　　甲

甲的右手抓住乙的右手腕。乙外旋右手臂，右脚向后撤步，左掌用力击向甲的左前臂，以便右手从甲的虎口处解脱。

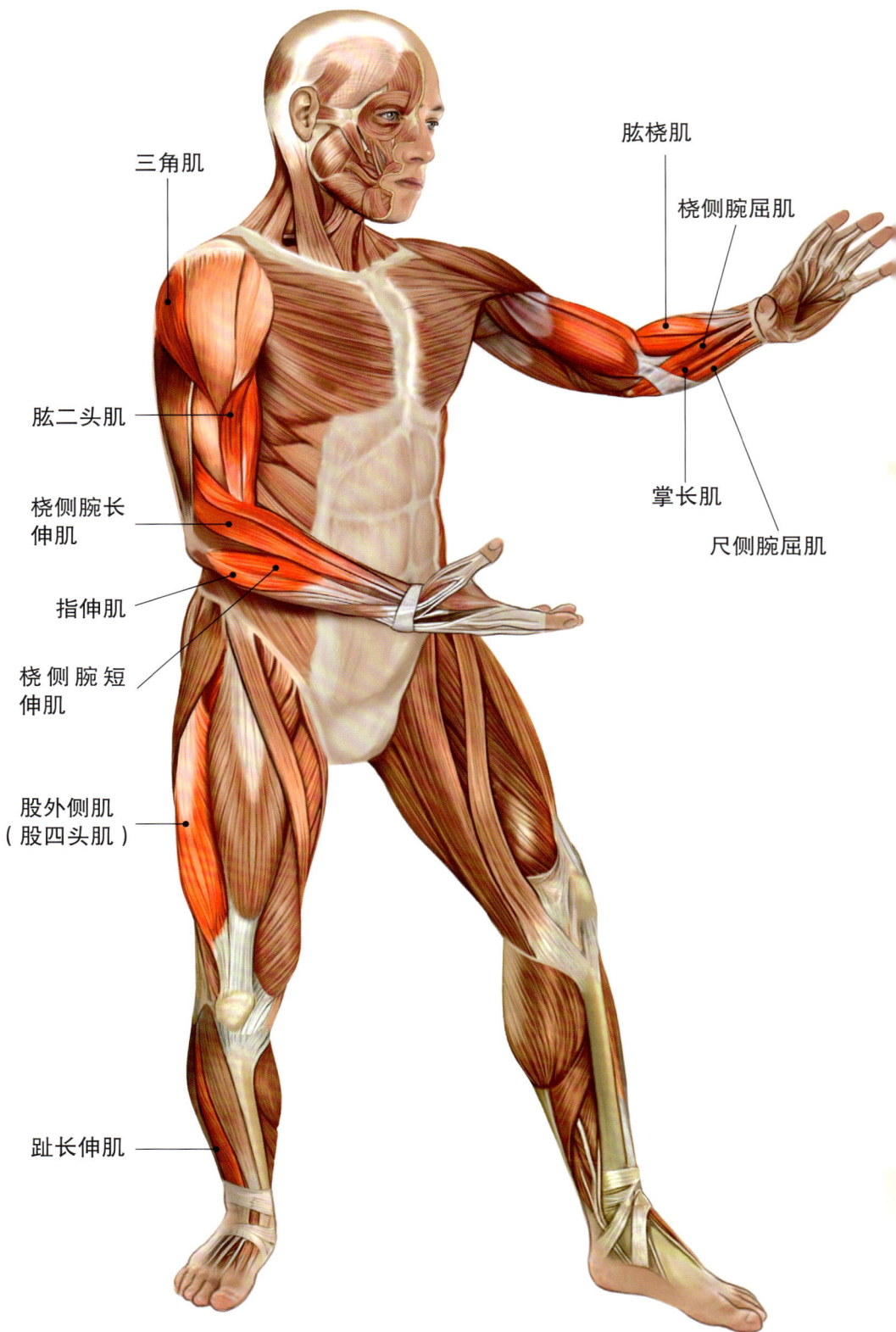

三角肌

肱二头肌

桡侧腕长伸肌

指伸肌

桡侧腕短伸肌

股外侧肌（股四头肌）

趾长伸肌

肱桡肌

桡侧腕屈肌

掌长肌

尺侧腕屈肌

1 接上式。

2 重心仍保持在右腿，上身向左转，右臂随转身由下方向后上方画弧。

3 双臂呈张开的姿势，两掌掌心向上。

4 左腿向后撤步，脚掌着地；右臂屈肘，由右耳侧向前推出。

5 左脚逐渐踏实。在右臂向前推出的同时，左臂屈肘后撤。

6 左臂后撤至左肋外侧，左手掌心向上；右臂推至胸前，右手掌心向前。右倒卷肱的动作要领同左倒卷肱，唯左右相反。

攻防用法

甲　　　　　乙

乙用右拳攻击甲。甲用左前臂上掤乙的右肘关节处，转腕用左手拿住乙的右肘关节，右手抓住乙的右手腕，合力向右下方挒。

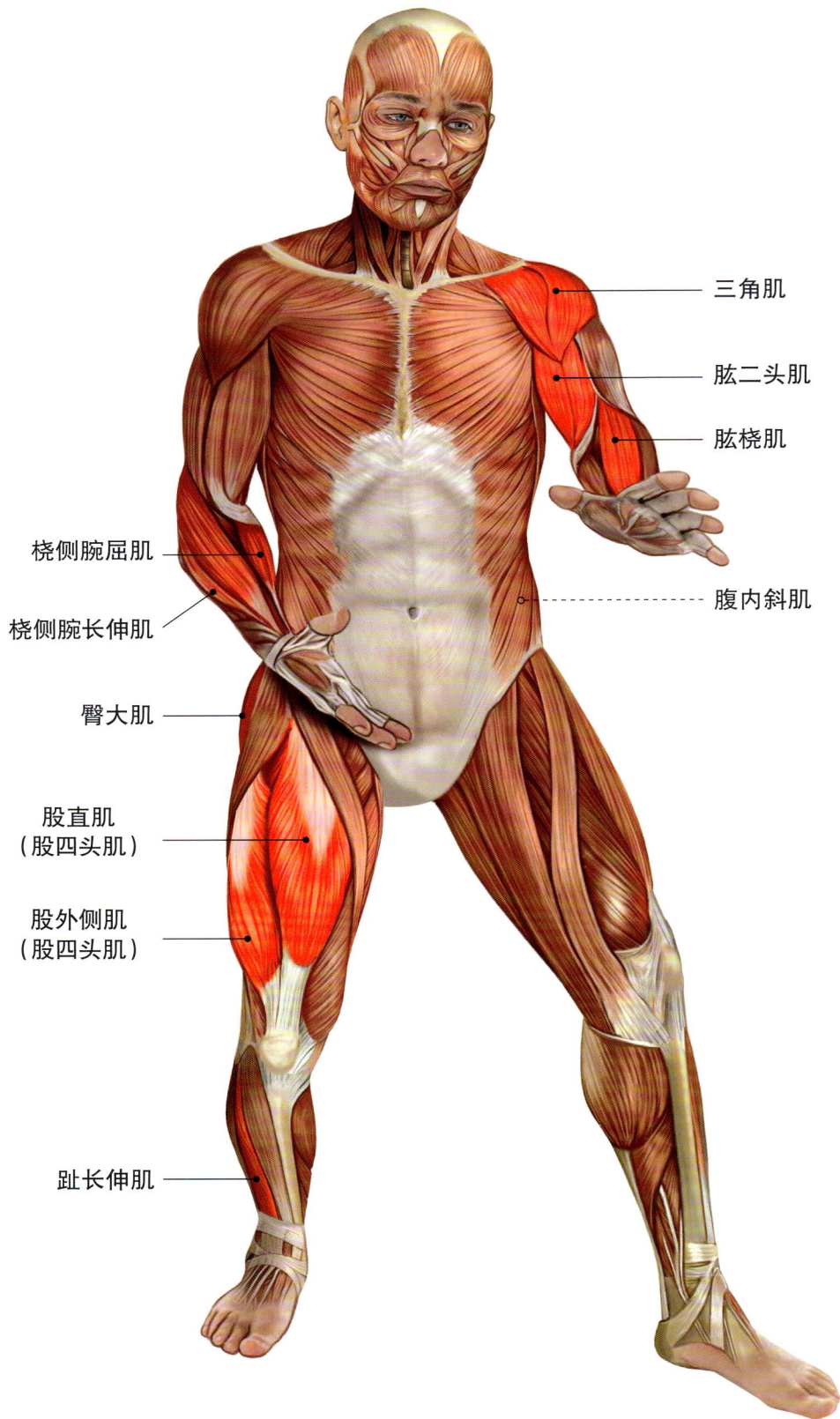

三角肌

肱二头肌

肱桡肌

桡侧腕屈肌

桡侧腕长伸肌

腹内斜肌

臀大肌

股直肌
（股四头肌）

股外侧肌
（股四头肌）

趾长伸肌

掤、捋

① 　接上式。右臂先向后伸展，再向上画弧至胸前；左臂向右下方画弧至右肋下方。重心在右腿。

② 　上身向左转，左脚向前迈出。重心逐渐向左腿转移，随即转身，两手在身前成抱球状。

③ 　重心继续前移，成左弓步。随重心前移，左手上掤，与目齐平，右手下按至脐前。

④ 　上身继续转过中线，同时左手翻掌心向下，右手翻掌心向上。

⑤ 　上身左转至极限后右转，带动两手臂向右、向下捋。重心向右腿转移。

⑥ 　随着重心向右腿转移，两手臂继续向后捋，直至腰胯转到极限。

甲 乙

乙此时被捋，身体前
倾，必向后抽拉右臂并后移
重心；甲迅速用左前臂横贴
至乙的右上臂外侧，右手松
开乙的右手腕，贴于乙右臂
外侧，借乙后移重心之机将
乙挤出，使乙失去平衡。

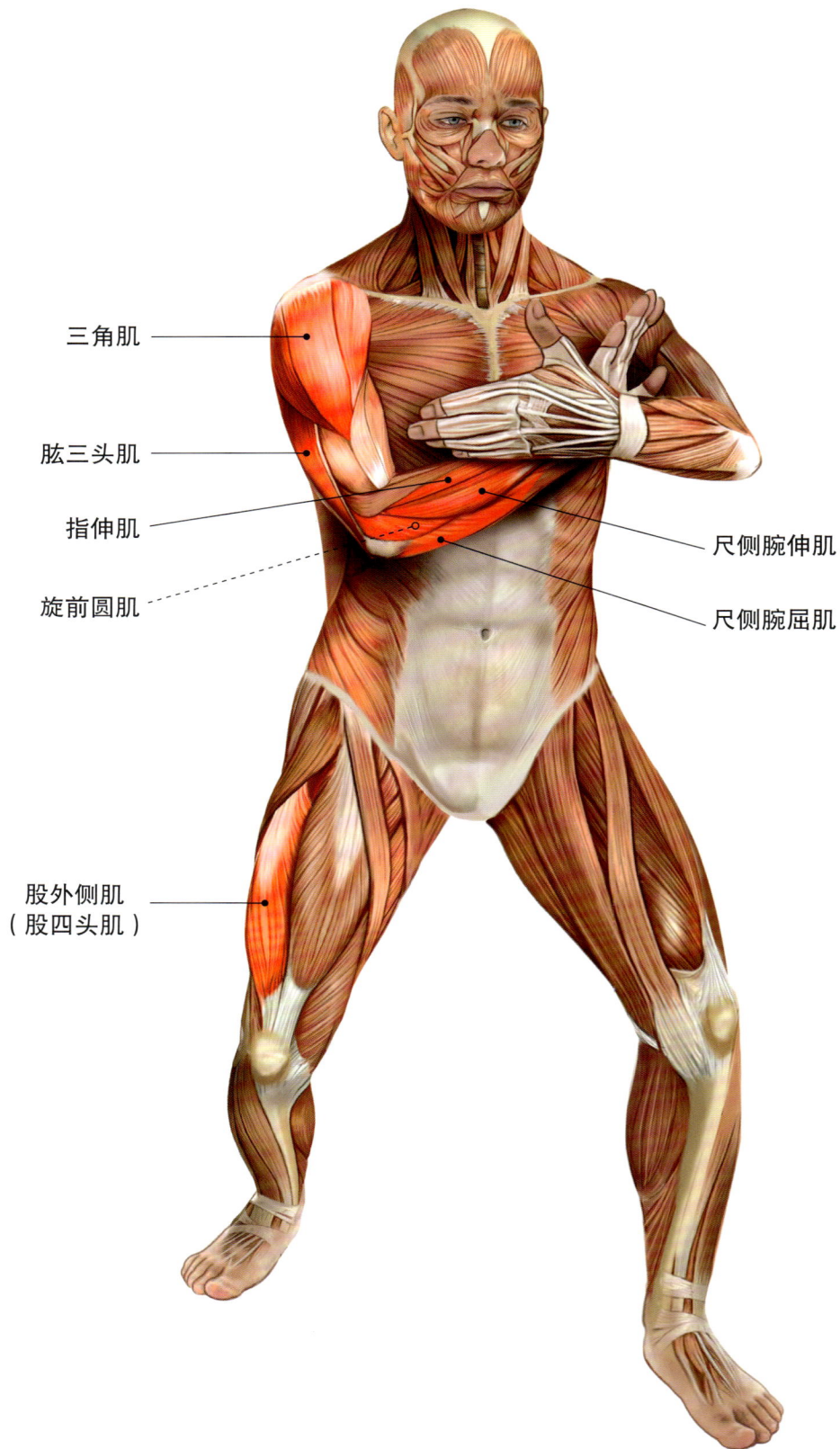

三角肌

肱三头肌

指伸肌

旋前圆肌

尺侧腕伸肌

尺侧腕屈肌

股外侧肌
（股四头肌）

挤、按

7 接上式。

8 捋至极限后，腰胯右转，重心逐渐向左腿转移。两手随身转而翻掌，左掌心向内，右掌心向外。

9 重心前移，成左弓步。同时右手叠于左手手腕内侧，随弓步前挤。

10 挤至与左膝成一条直线，身未前倾，即两手分开，手心向下。

11 重心右移，带动两手臂后撤。同时身向后坐，两手臂缓缓下移。

12 重心前移，成左弓步。两手臂随之向上、向前，掌心朝外按出。右揽雀尾的掤捋挤按要领同此，唯左右相反。

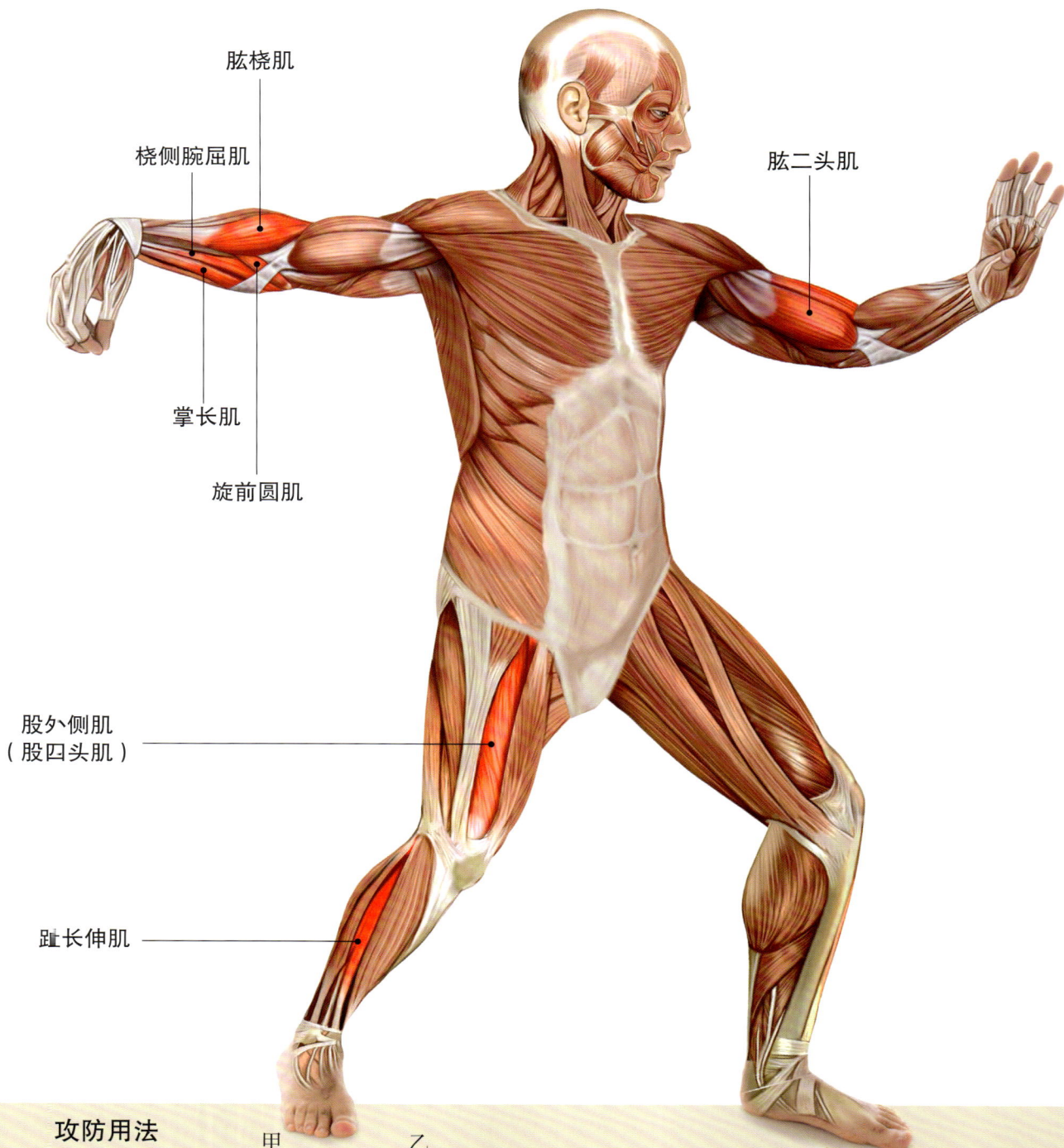

肱桡肌

桡侧腕屈肌

肱二头肌

掌长肌

旋前圆肌

股外侧肌
（股四头肌）

趾长伸肌

攻防用法

甲　　　乙

甲用左拳攻击
乙。乙迅速用左臂向
外挑挡甲的左臂，使
其偏转。乙转胯，并
用左掌快速推击甲，
使甲失去平衡。

1 　　右脚尖内扣，上身左转，带动两臂向左呈弧形运转，直至左臂平举。随着上身的转动，左手翻掌心向上，右手逐渐由掌握勾。

2 　　重心缓缓移到右腿。

3 　　右手呈勾状向上、向右方画弧。左手经腹前向右上画弧停于右肩前方。

4 　　左脚向左前侧迈出。左臂随之向外、向左徐徐展开。两手形保持不变。

5 　　腰部向左转，直到面向前方，同时将重心移到前腿上。左手手掌随着重心转移向前推出。

6 　　重心继续前移，左臂随之向前伸展，左手掌张开，掌心向外。右脚蹬地，成左弓步。眼看左手。

攻防用法

甲   乙

甲用右掌攻击乙的胸部。乙右臂在上、左臂在下，裹住并迅速弯折甲的右臂，同时上右步进身，继续弯折甲右臂并用肘击甲的面部。

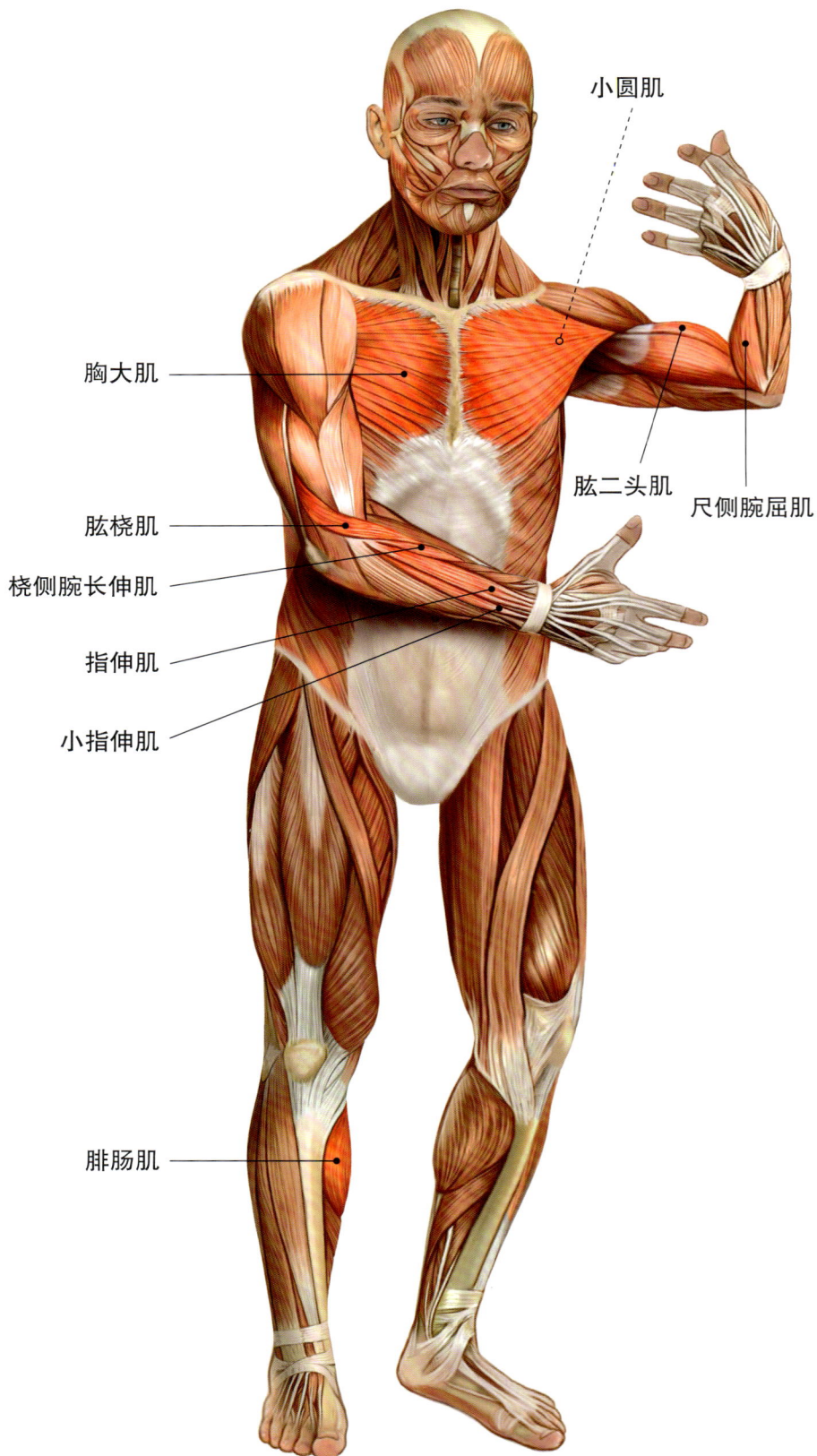

小圆肌

胸大肌

肱二头肌

尺侧腕屈肌

肱桡肌

桡侧腕长伸肌

指伸肌

小指伸肌

腓肠肌

1 　　上身慢慢向左转，身体重心慢慢移到左腿，右脚点地，呈虚步。右手由勾变掌，由上向下画弧至腹前。左手翻掌心向内，掤于面前，约与目齐平。

2 　　重心慢慢向右移，右手随之由右下方经腹前向左上方画弧。

3 　　左手逐渐下落，同时右手向上掤。

4 　　上身向右转，重心继续右移。左手经腹前向右上方画弧。右手向右侧转。

5 　　左腿向左横跨一步。

6 　　重心逐渐左移，左手经脸侧向左、向上掤，右手由右下方经腹前向左上方画弧。

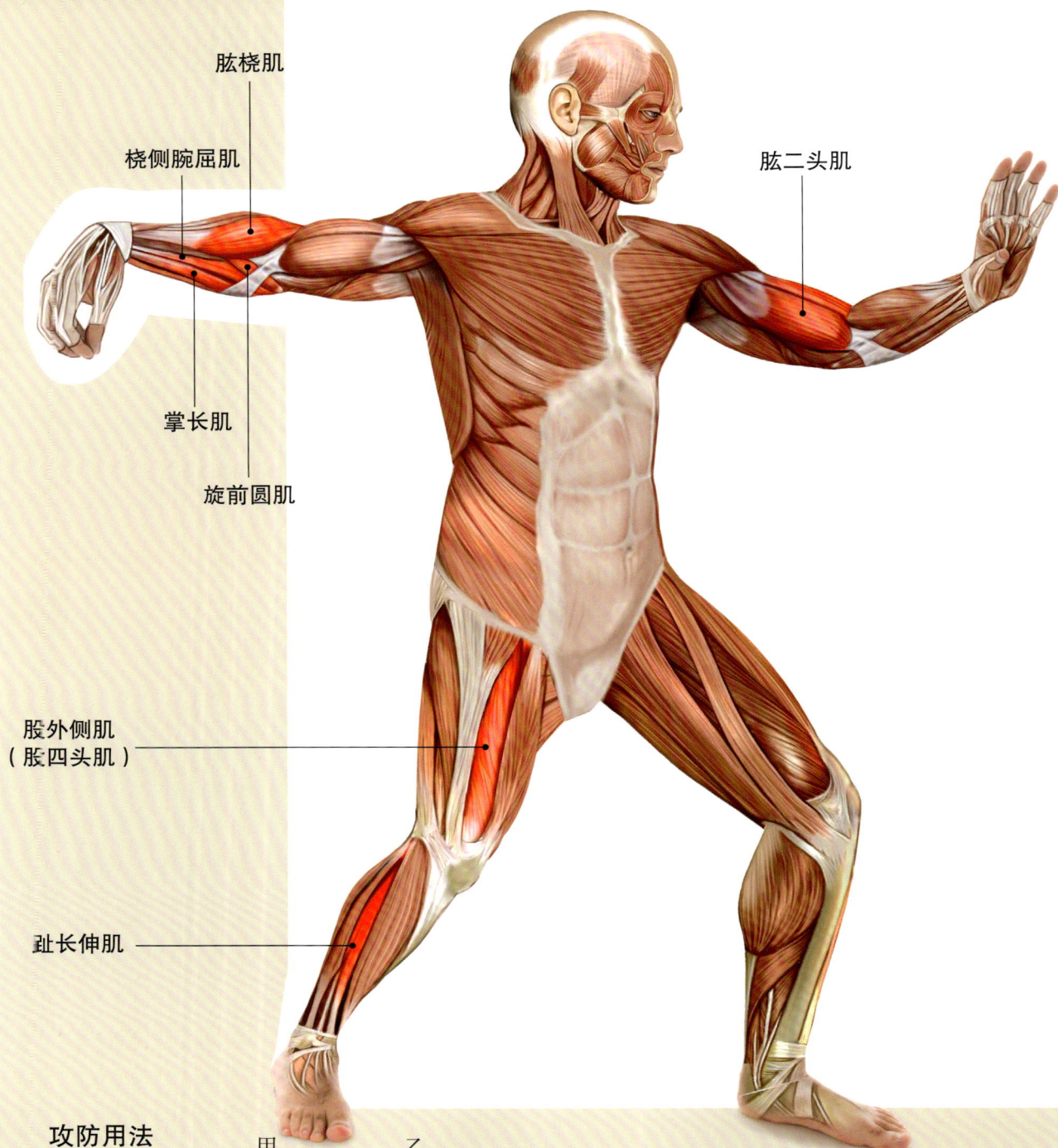

肱桡肌

桡侧腕屈肌

肱二头肌

掌长肌

旋前圆肌

股外侧肌
（股四头肌）

趾长伸肌

攻防用法

甲用左拳攻击
乙。乙迅速用左臂向
外挑挡甲的左臂，使
甲偏转。甲转胯，并用
左掌快速推击甲，使
甲失去平衡。

甲　乙

1　右脚尖内扣，上身左转，带动两臂向左呈弧形运转，直至左臂平举。随着上身的转动，左手翻掌心向上，右手逐渐由掌握勾。

2　重心缓缓移到右腿。

3　右手呈勾状向上、向右方画弧。左手经腹前向右上画弧停于右肩前方。

4　左脚向左前侧迈出。左臂随之向外、向左徐徐展开。两手形保持不变。

5　腰部向左转，直到面向前方，同时将重心移到前腿上。左手手掌随着重心转移向前推出。

6　重心继续前移，左臂随之向前伸展，左手掌张开，掌心向外。右脚蹬地，成左弓步。眼看左手。

第12式 高探马

攻防用法

甲　　　　乙

乙用右拳攻击甲的腹部。甲左前臂向下按压乙的右手腕，同时出右手，用掌根攻击乙的颈部。

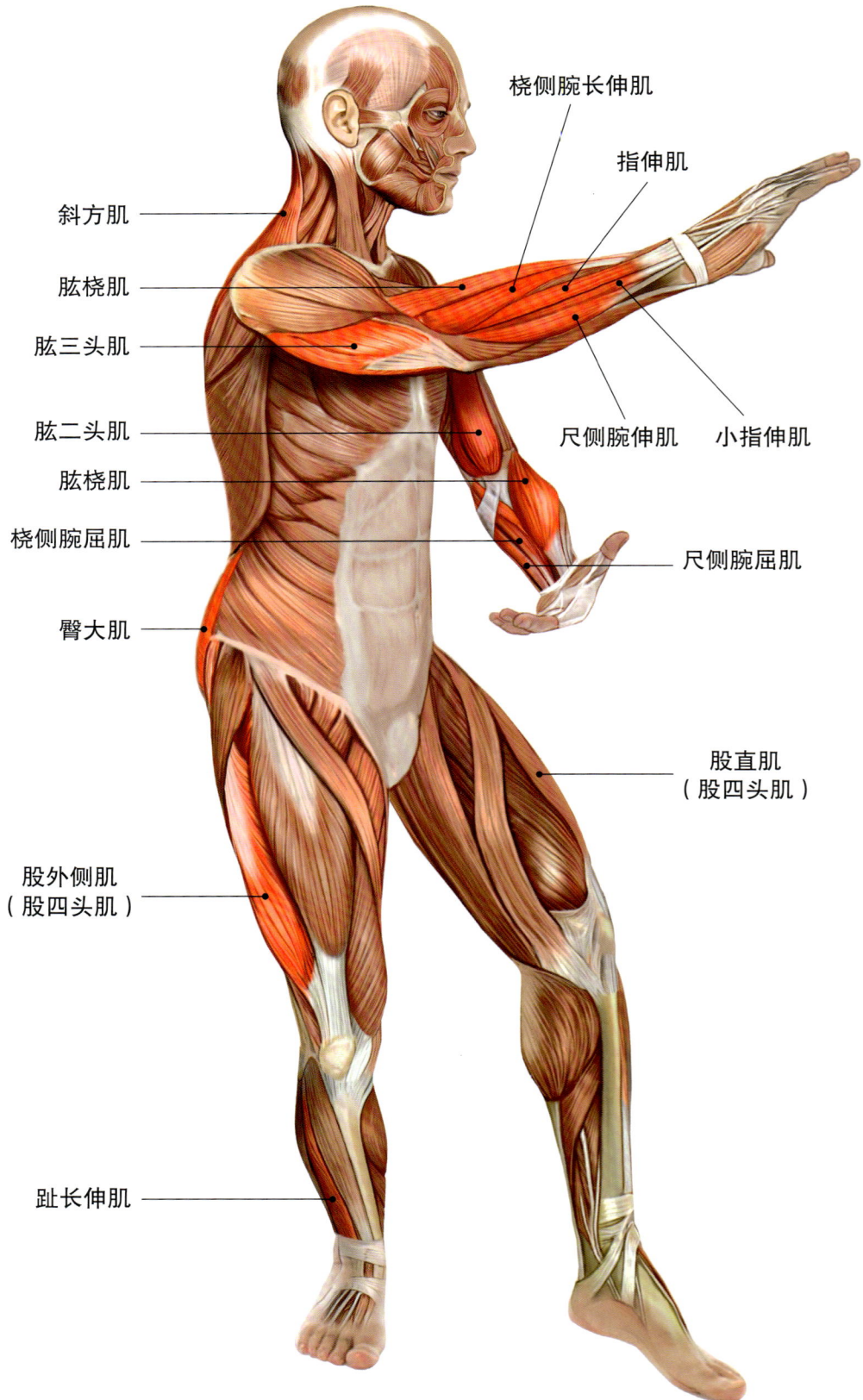

斜方肌

肱桡肌

肱三头肌

肱二头肌

肱桡肌

桡侧腕屈肌

臀大肌

股外侧肌
（股四头肌）

趾长伸肌

桡侧腕长伸肌

指伸肌

尺侧腕伸肌

小指伸肌

尺侧腕屈肌

股直肌
（股四头肌）

1 右手变掌，两手翻掌心向上，双肘微屈。

2 右脚跟进半步。同时右臂屈肘，自后向前推。

3 右臂继续经右耳侧前推。

4 上身微向左转。重心逐渐向右腿转移。

5 左脚稍向前移，成虚步。右脚踏实。

6 右掌经右耳侧向前推出，左手收至左侧腰前。

攻防用法

甲　　　　乙

甲用双臂攻击乙的胸部。乙双臂交叉，右转掤开甲的双臂，同时起右脚蹬向甲的裆部。

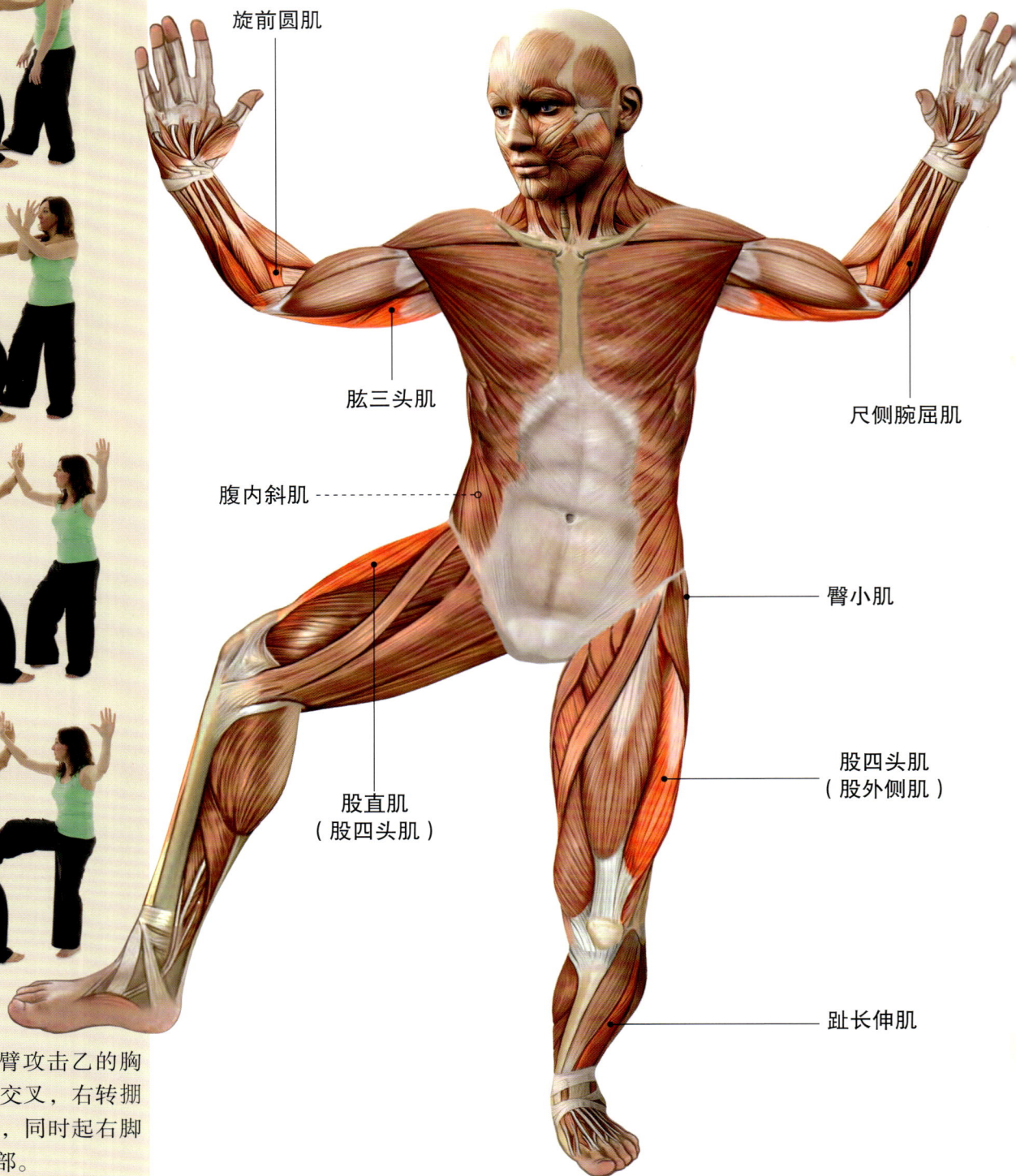

旋前圆肌

肱三头肌

腹内斜肌

股直肌
（股四头肌）

尺侧腕屈肌

臀小肌

股四头肌
（股外侧肌）

趾长伸肌

1 　　重心移至左腿，右脚跟进，落于左脚旁，足尖点地。同时两手掌心向内，左手在内、右手在外，交叉合于面前。

2 　　双手向左右两侧分开并向下画弧，随画弧两手掌心逐渐翻转。

3 　　左腿逐渐踏实，同时右脚提起。

4 　　两掌边外翻边向外推，右腿提起，右膝高度不超过腰部。

5 　　保持重心稳定、身体平衡，右脚蹬出。

6 　　重心仍在左腿。右脚蹬出后收回。

第14式 双峰贯耳

攻防用法

甲　　　　乙

甲攻击乙的胸部。乙用双掌迅速向甲的双耳部贯击，使甲耳部乃至脑部受损，然后顺势抓住甲的头部并拉向自己的膝部，提膝撞脸。

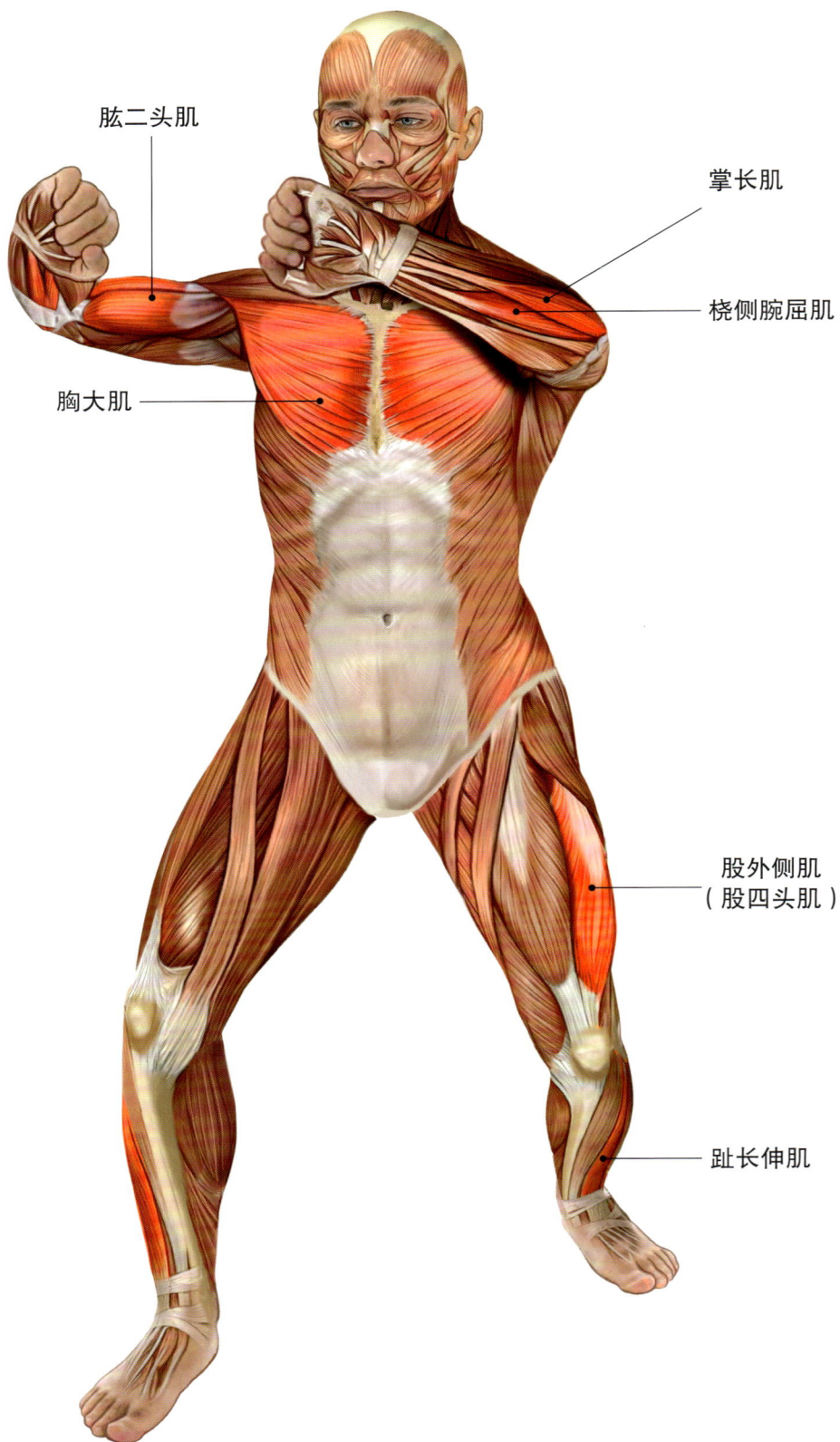

肱二头肌

掌长肌

桡侧腕屈肌

胸大肌

股外侧肌
（股四头肌）

趾长伸肌

1 接上式。

2 两手翻掌心向内，双臂由外向内回收。

3 双手同时画弧，分别落于右膝两侧。

4 右脚向右前方落下。

5 重心逐渐前移。双手变拳。

6 重心移至右腿，成右弓步。双拳分别从左右两侧向上、向前方画弧至面部前方，拳面相对。

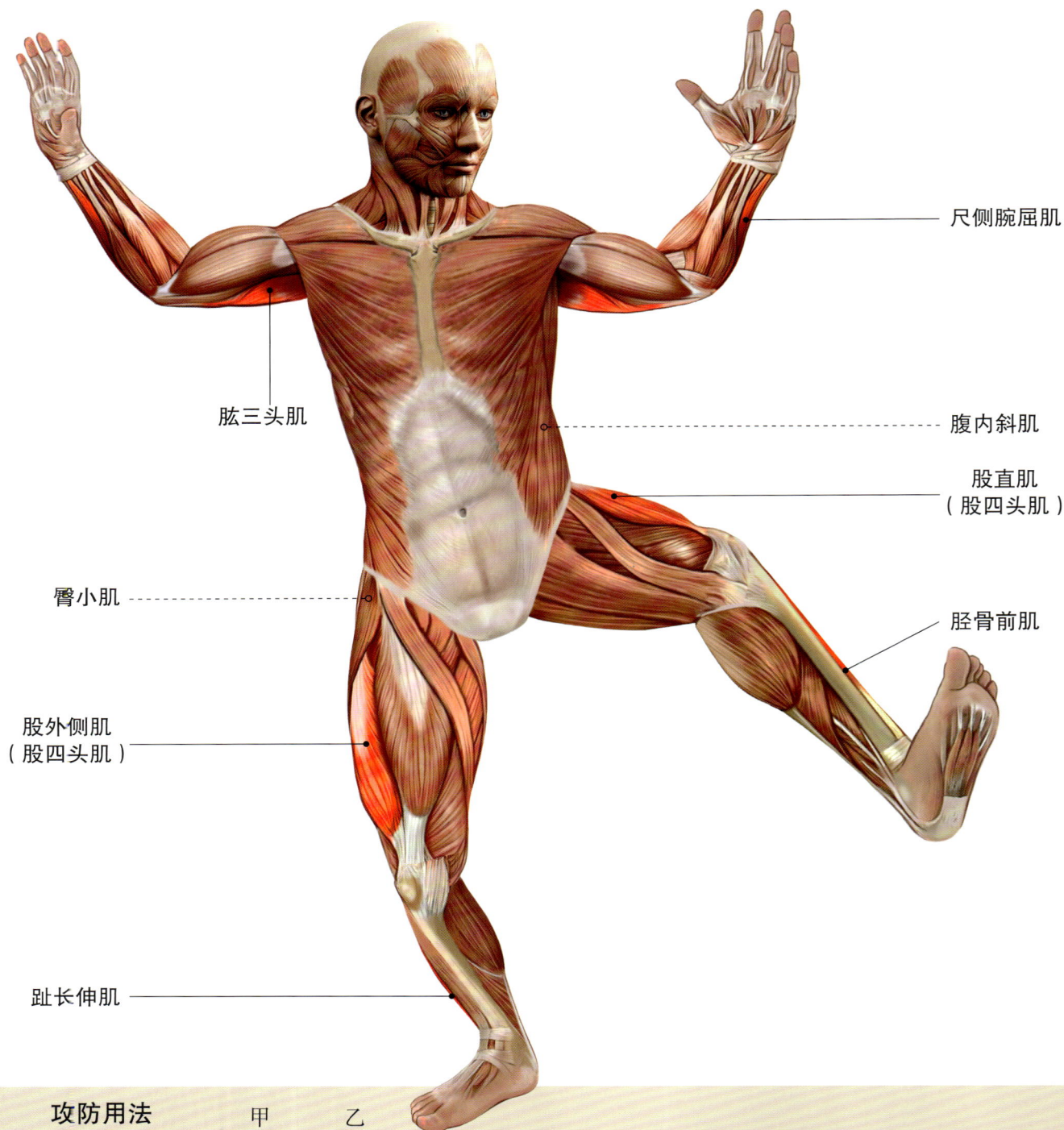

尺侧腕屈肌

肱三头肌

腹内斜肌

股直肌
（股四头肌）

臀小肌

胫骨前肌

股外侧肌
（股四头肌）

趾长伸肌

攻防用法　甲　乙

　　乙用左手攻击甲的胸部。甲用左臂将乙的左臂掤开，并使乙的身体向石扭转，同时抬左脚蹬向乙的髋部。

1 接上式。

2 以右脚脚跟为轴，右脚尖里扣，向左后方转体约270°。

3 两拳左右分开逐渐变掌并分别向左右画弧下落，再向上交叉合抱。重心移至右腿。

4 两臂左右画弧分开平举。左脚点地，成虚步。

5 右腿独立，左腿屈膝提起。

6 双手翻掌心向外，左脚向前蹬出。

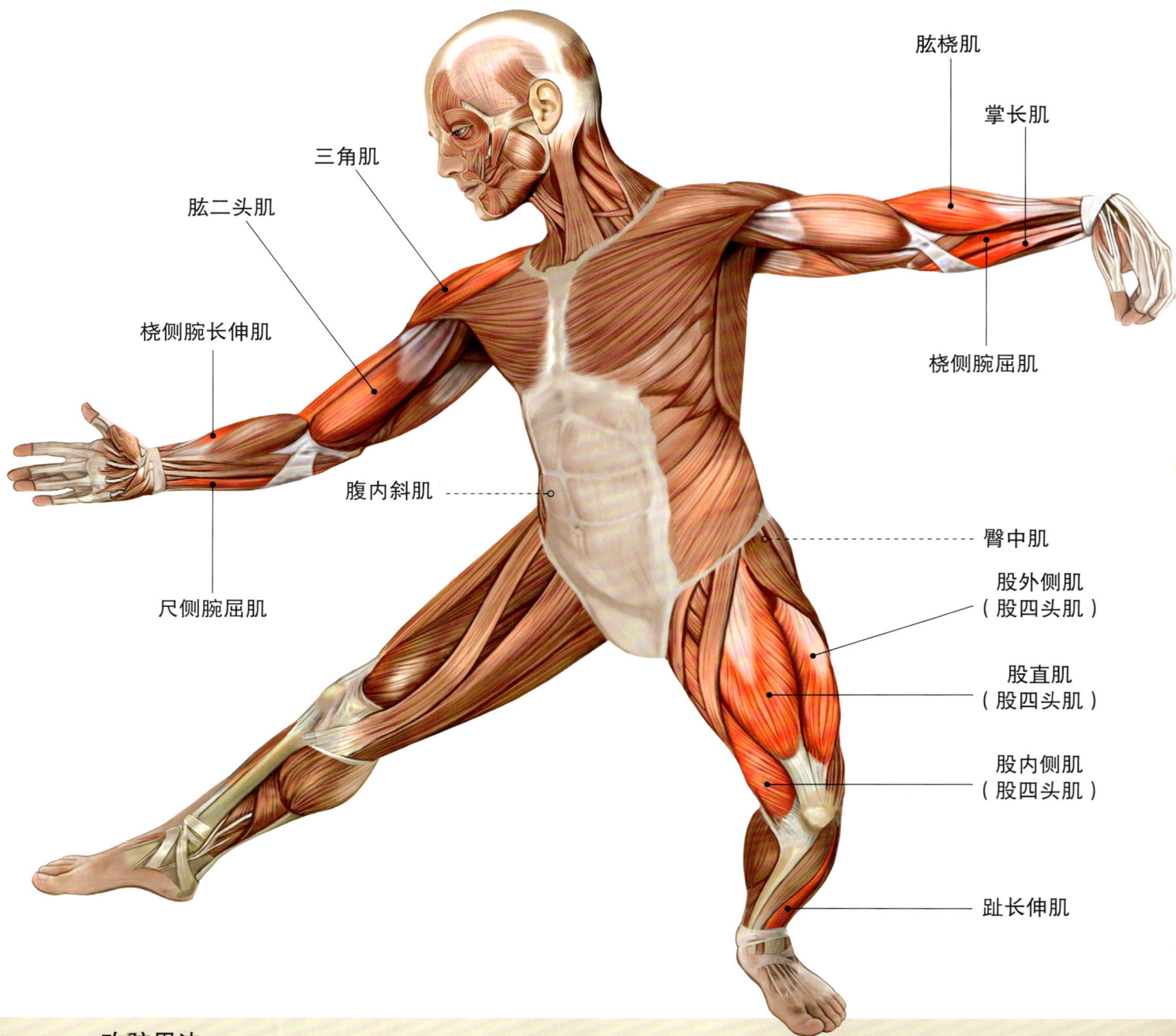

肱桡肌

掌长肌

三角肌

肱二头肌

桡侧腕长伸肌

桡侧腕屈肌

腹内斜肌

尺侧腕屈肌

臀中肌

股外侧肌
（股四头肌）

股直肌
（股四头肌）

股内侧肌
（股四头肌）

趾长伸肌

攻防用法

甲　乙

乙用右手抓住甲的右手腕。甲向右转体，右臂用力向后上方提拉，同时出左腿，踏入乙的中门。下势出左手搂抓乙左小腿，使乙摔倒。

1.左下势

1 接上式。

2 左腿屈膝回收。

3 左脚落地后伸直。

4 右手变为勾手。重心右移，身向下坐。

5 向左起身，重心前移，左脚脚尖向外撇。同时左手经左腿前由下向外、向上画弧。

6 重心继续前移，至成左弓步。

攻防用法

甲　　　　　乙

甲用右拳攻击乙的面
部。乙用左臂格挡并用力
下按，同时，右腿前移，用
右手掌根攻击甲的下颌，
提右膝攻击甲的裆部。

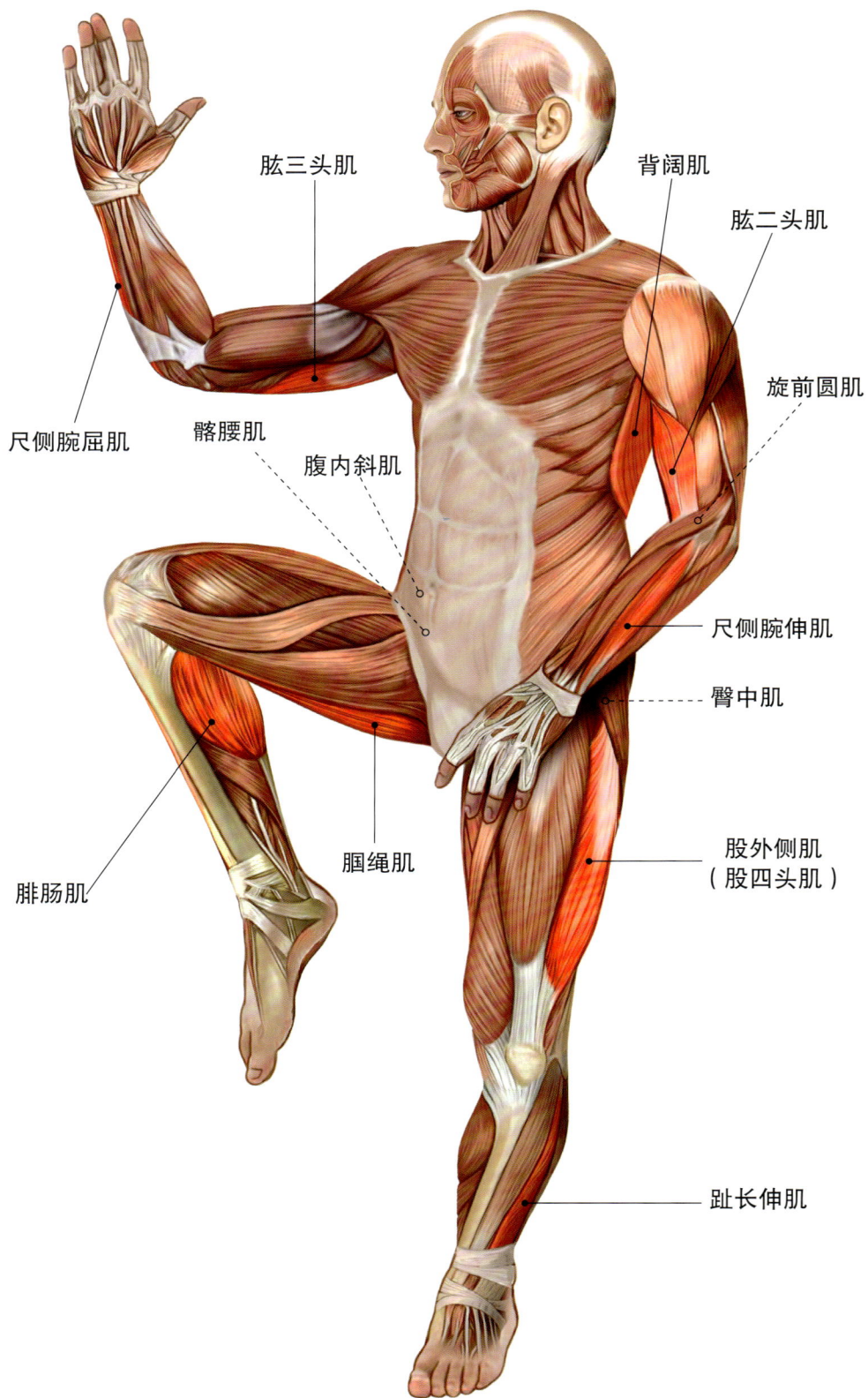

肱三头肌

背阔肌

肱二头肌

旋前圆肌

尺侧腕屈肌

髂腰肌

腹内斜肌

尺侧腕伸肌

臀中肌

股外侧肌
（股四头肌）

腘绳肌

腓肠肌

趾长伸肌

2.独立

1 　　右勾手变掌，与左手同时收回于身侧，掌心向下。

2 　　右脚蹬地。

3 　　重心逐渐落于左腿。左手下按。右手沿身体右侧向前上方举起。起右脚。

4 　　左手按于左胯侧，掌心朝下。

5 　　同时抬起右腿和右臂。

6 　　右肘肘部与右膝关节相对。右手掌心向内，手指朝上。

　　右下势独立要领同左下势独立，唯左右相反。

攻防用法

甲　　　　乙

乙用左拳攻击甲的面
部。甲用左手腕背面按住乙
左肘外侧，并转腕反手抓
住乙左肘关节，同时，上左
步，向上、向左捌乙，使乙
左转，并出右手推击乙肩胛
部。

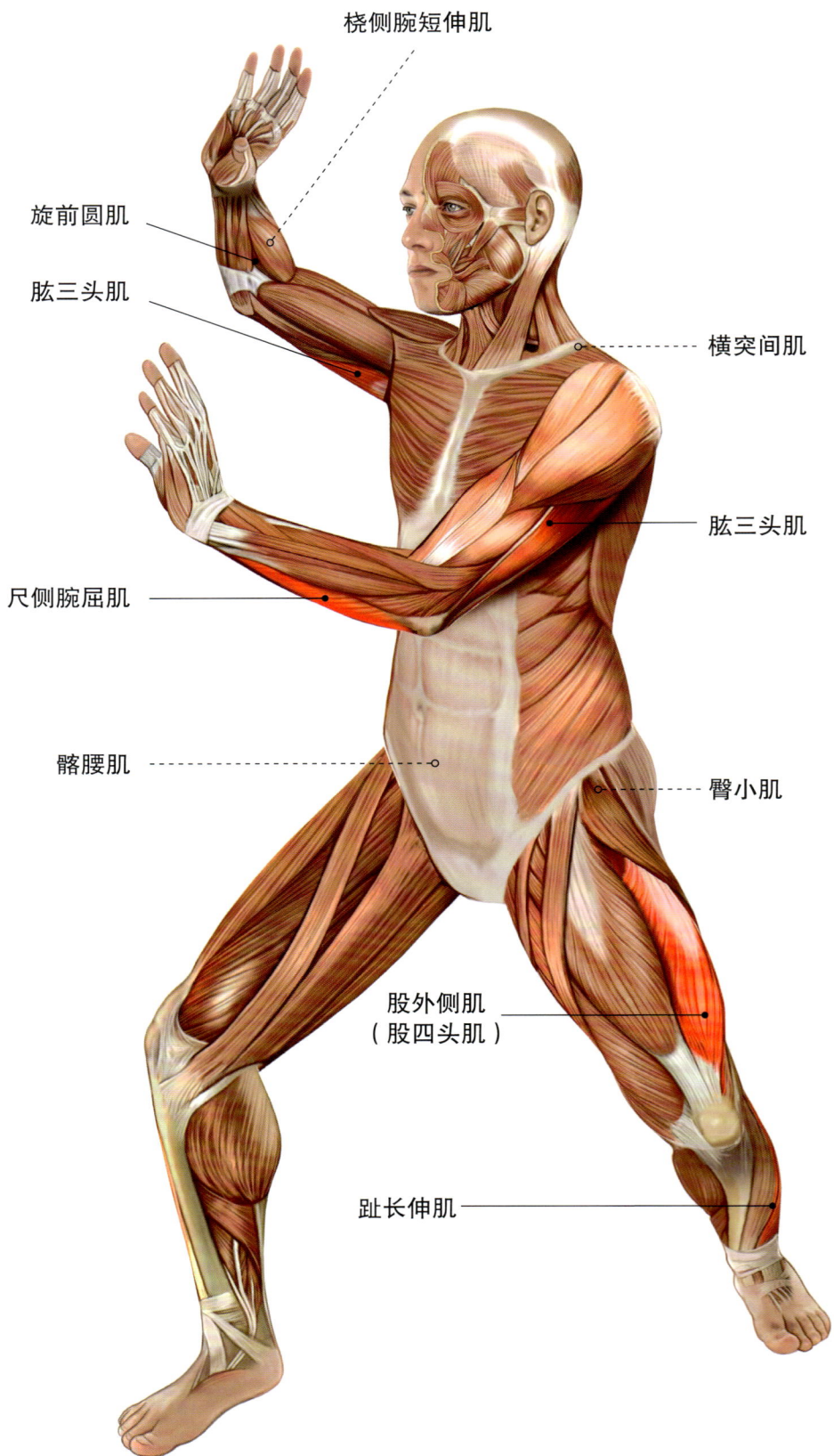

桡侧腕短伸肌

旋前圆肌

肱三头肌

尺侧腕屈肌

髂腰肌

横突间肌

肱三头肌

臀小肌

股外侧肌
（股四头肌）

趾长伸肌

1　左脚下落，双手抱球。

2　重心移至左腿，右脚收于左脚内侧，两手由抱球状逐渐分开。

3　身体向右转，右脚上步。两手继续分开，右上左下。

4　重心前移。

5　右腿成右弓步。随着重心前移，右手由面前向上、向外掤，掌心向外，停在右额前。左手先向左下再经体前向前推出。

6　身体转至面向正前方，随身体转动，右手略后拉，左手前推。双手掌心向前，眼看左手。

攻防用法

乙 甲

乙抓住甲的右手腕。甲转腕并上抬手臂，顺势反切乙的右手腕。

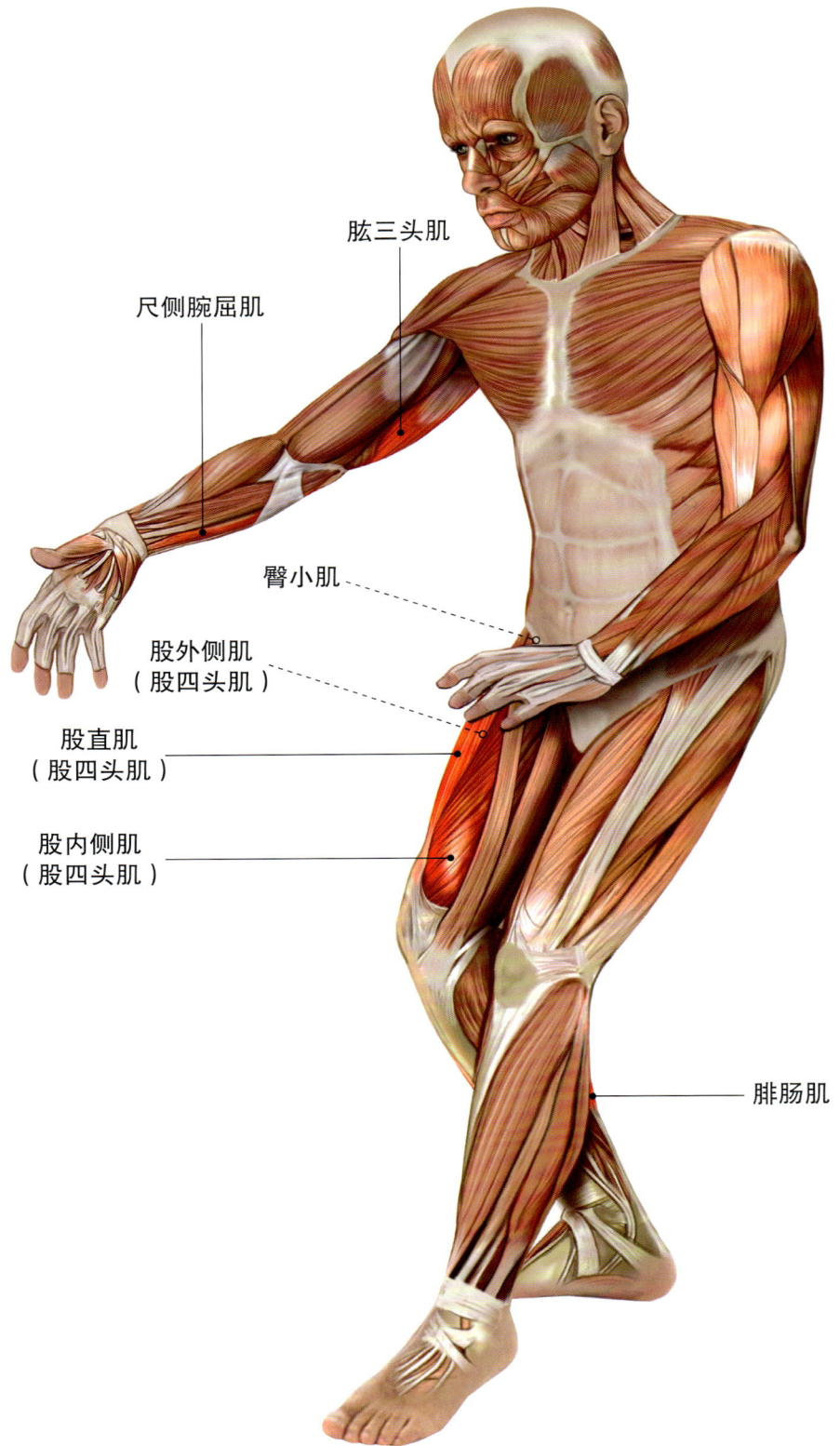

肱三头肌

尺侧腕屈肌

臀小肌

股外侧肌
（股四头肌）

股直肌
（股四头肌）

股内侧肌
（股四头肌）

腓肠肌

1 　重心移到左腿，右脚向前跟半步。

2 　重心移至右腿，右手上提，左手下按。

3 　左脚稍向前移，脚尖点地。

4 　身体下沉，微向左转。

5 　右手从右耳旁向前下方插出，左手向前下方画弧，落于左胯旁。

6 　眼看右手。

攻防用法

乙　　　　甲

乙用右手抓住甲的右手腕。甲向右转髋，带动右臂翻转右手腕，同时用左手推乙的胸部。

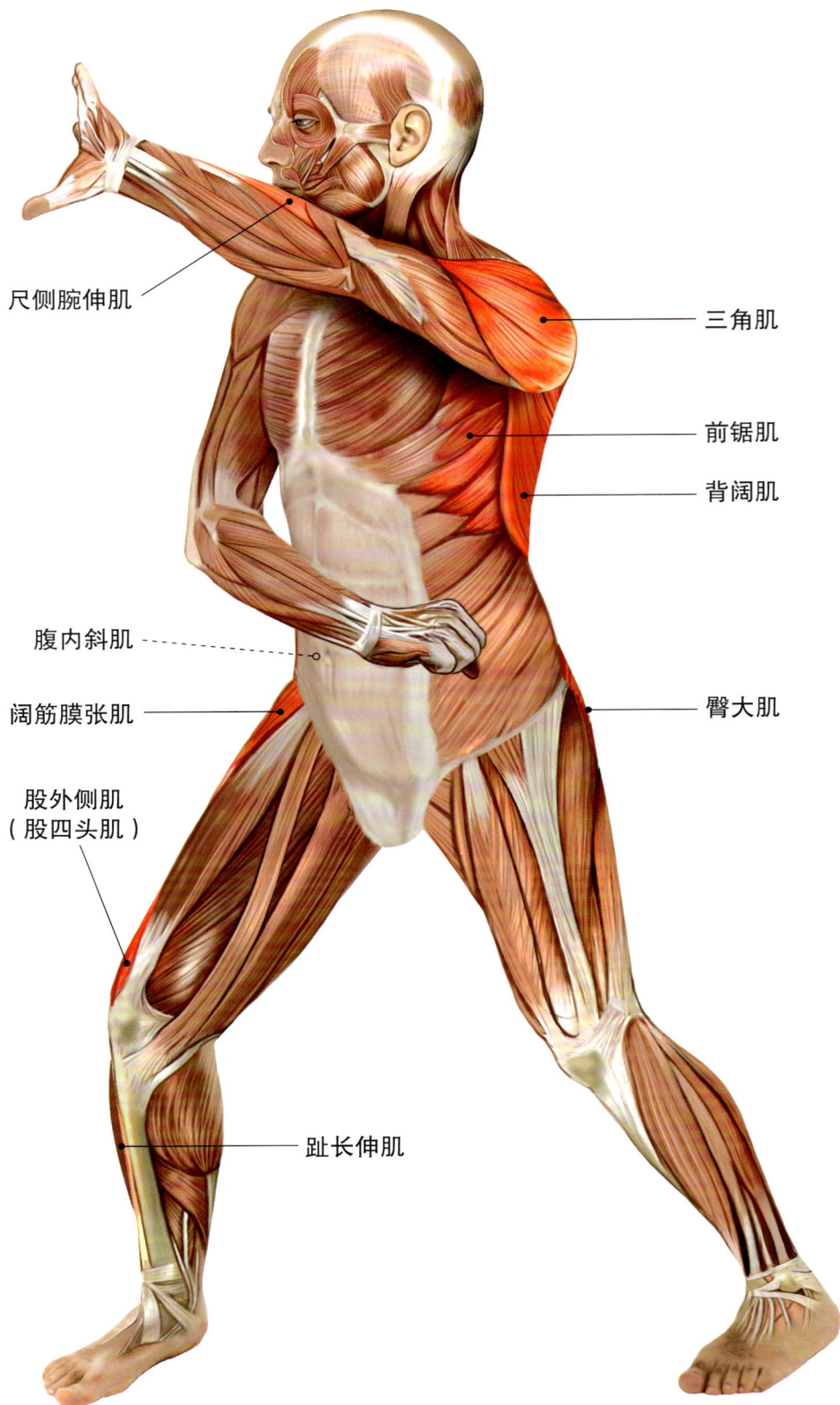

尺侧腕伸肌

三角肌

前锯肌

背阔肌

腹内斜肌

阔筋膜张肌

臀大肌

股外侧肌
（股四头肌）

趾长伸肌

1 　接上式。逐渐起身，同时右臂由下插状抬起，右肘屈曲，右手向右、向后画弧，停于右额前。左手随起身前推。两掌心向外。

2 　身后坐，重心移至右腿，左脚尖抬起，左脚跟着地。随身后坐，右臂下落，左臂向上画弧。

3 　以左脚跟为轴，向右碾转。注意碾转时上下贯穿如一。

4 　转至两手在体前交叉时，重心逐渐移至左腿。左手掌心向外，撑于额前。右臂屈肘，横于身前。右掌逐渐握拳。

5 　重心完全移至左腿，右脚上步落于侧前方。左手自额前经面部、胸部下落。

6 　左臂先后撤，再前推，掌心向右。右臂自左向右下画弧。

攻防用法

甲　　　　　乙

甲用右手抓住乙的右手腕。乙翻腕解脱，用左前臂攻击甲右上臂，同时，乙解脱出来的右手变拳攻击甲的腹部。

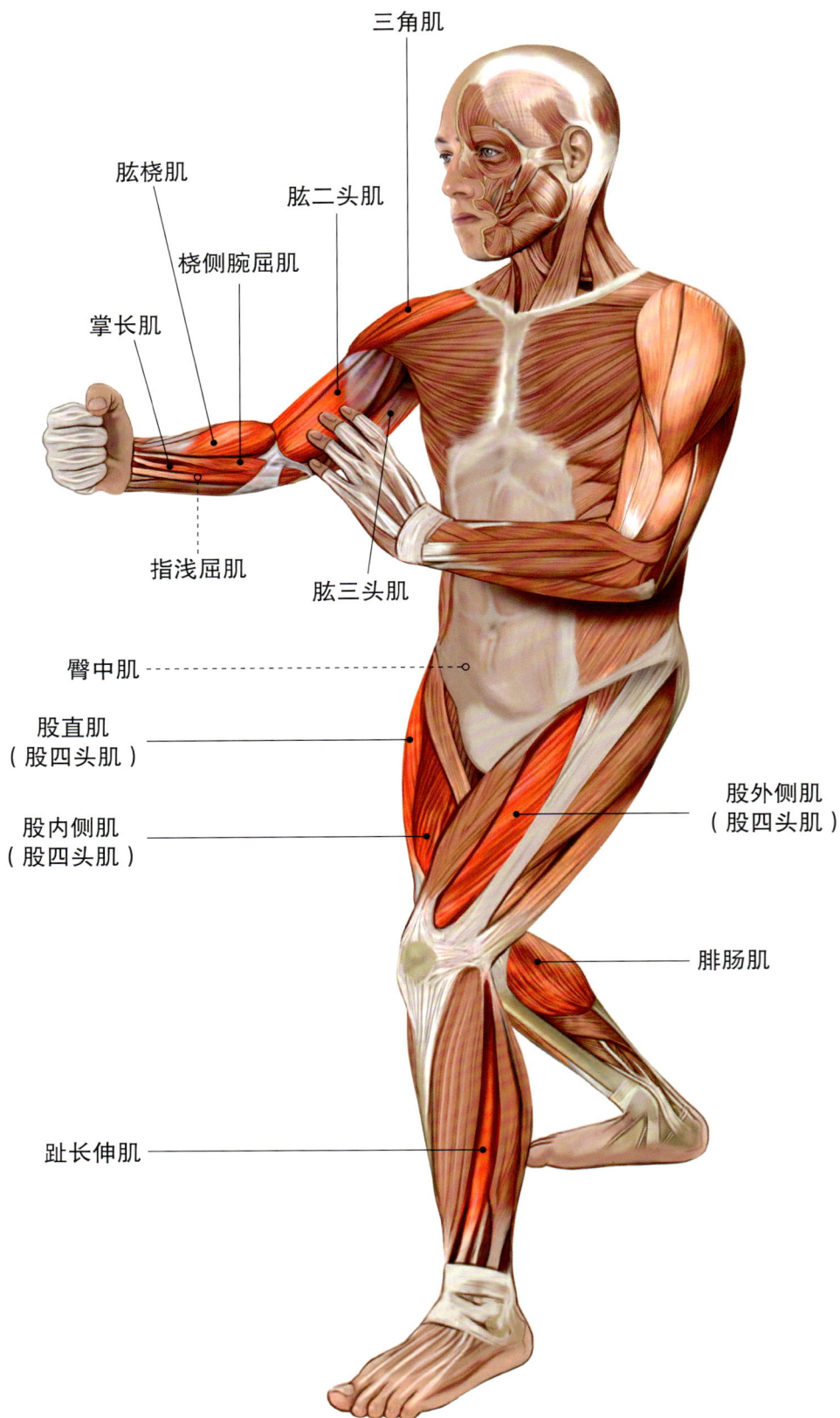

三角肌

肱桡肌

肱二头肌

桡侧腕屈肌

掌长肌

指浅屈肌

肱三头肌

臀中肌

股直肌（股四头肌）

股内侧肌（股四头肌）

股外侧肌（股四头肌）

腓肠肌

趾长伸肌

1 接上式。

2 重心移至左腿，右腿屈膝。

3 右脚向前横出一步，脚尖外撇。右拳经胸前向前翻转并撇出。左手由后向前画弧。

4 右脚落地后踏实，重心右移。

5 左腿向前迈一步，左手落至体前做"拦"的动作，右拳向右、向后画弧收于腰部右侧。

6 重心前移至左腿，左腿屈膝成左弓步。右拳向前打出。左手贴于右前臂内侧。

攻防用法

甲 　　　　乙

乙用左手抓住甲的右手腕。甲翻腕，左手腕由乙左手腕下穿出，叠于乙左手腕下，甲两手相合，有裹劲，乙必松手欲脱，甲趁机向左转髋并用左臂推乙的右臂。

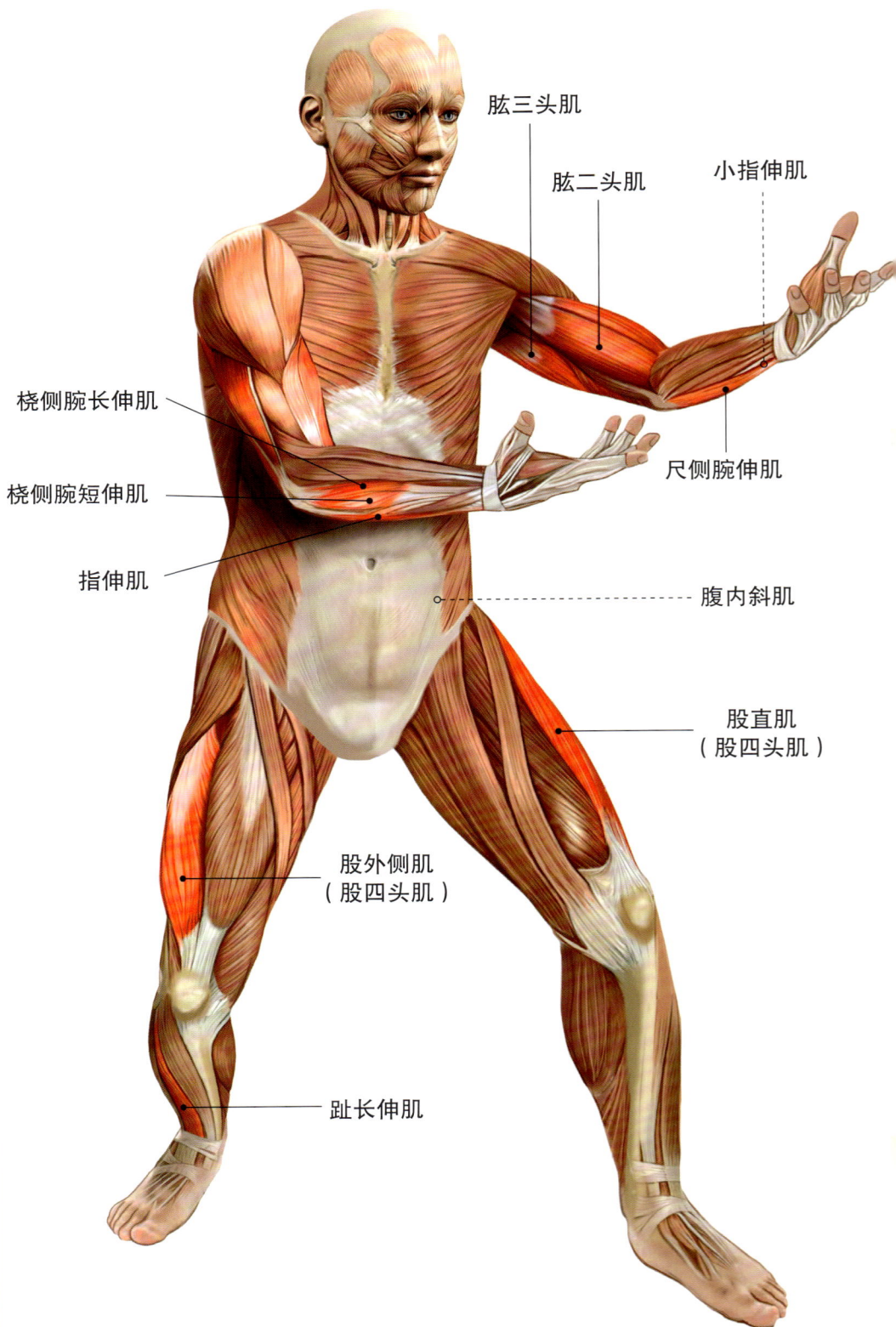

肱三头肌

肱二头肌

小指伸肌

桡侧腕长伸肌

桡侧腕短伸肌

尺侧腕伸肌

指伸肌

腹内斜肌

股直肌
（股四头肌）

股外侧肌
（股四头肌）

趾长伸肌

1 接上式。

2 重心微微后移。右拳变为掌。

3 上身后坐。

4 左手手掌自右手腕下由左至右穿出。

5 两手交叉后又逐渐分开，掌心向上。

6 两掌平摊于体前，掤住。眼看前方。

甲　　　　　乙

乙用双手推甲的胸部，欲将其推倒。甲后坐，重心转移至右腿，引进乙的劲力。待乙的劲力落空后，猛地将重心前移到左腿，并借力将乙推倒。

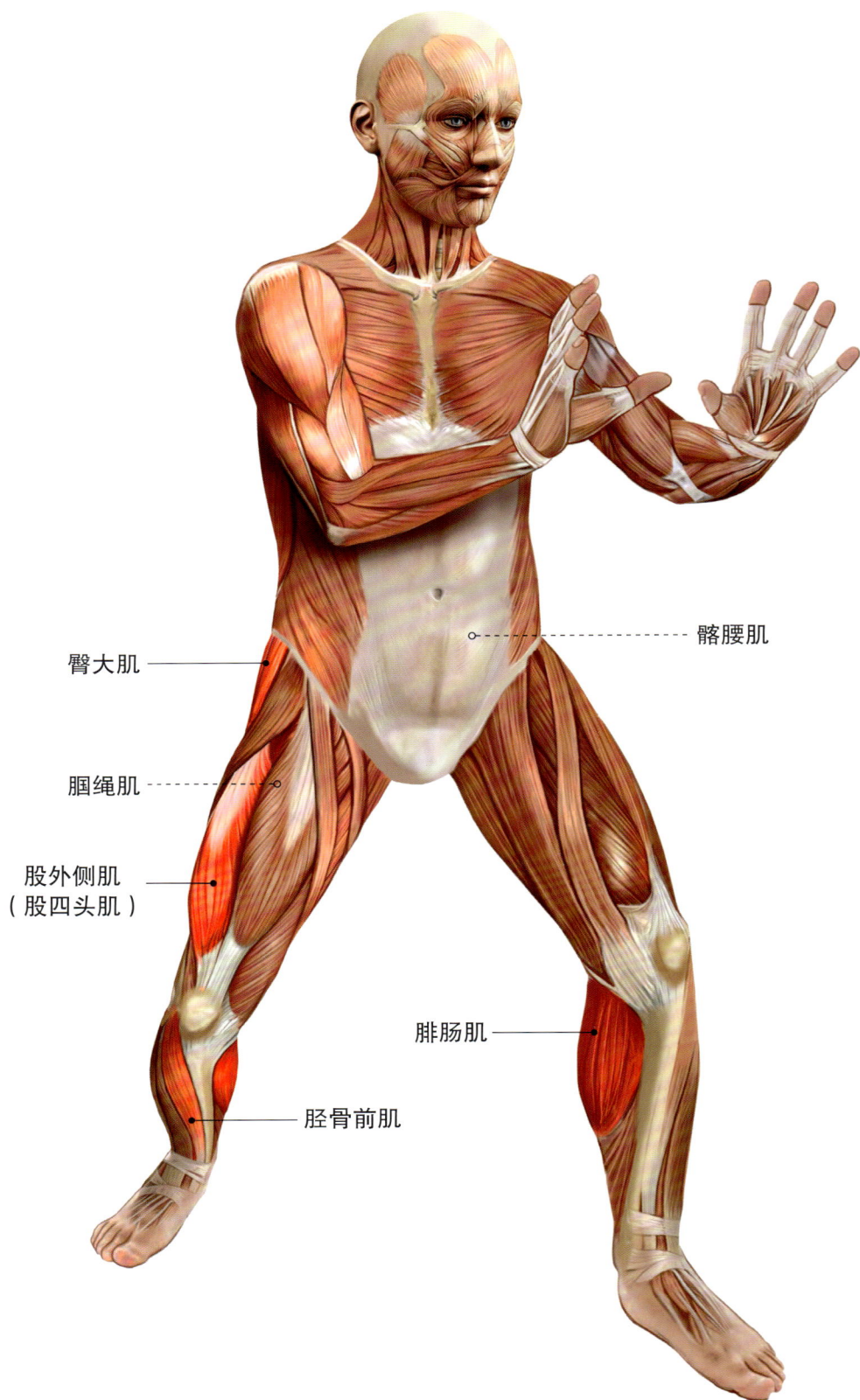

髂腰肌

臀大肌

腘绳肌

股外侧肌
（股四头肌）

腓肠肌

胫骨前肌

7 重心后移。

8 随着重心移动，双手在胸前翻掌。

9 双手掌心向下。

10 两掌收回。

11 两掌收回至腹前后再向上、向前推出，手心朝前。

12 同时，重心前移，左腿前弓成左弓步。

攻防用法

甲　　　　乙

乙出左拳攻击甲的面部。甲用右臂向外掤，并转腕抓住乙的左臂。乙必欲向右旋臂挣脱。此时甲两臂交叠并由右向左借乙之力将乙推出。

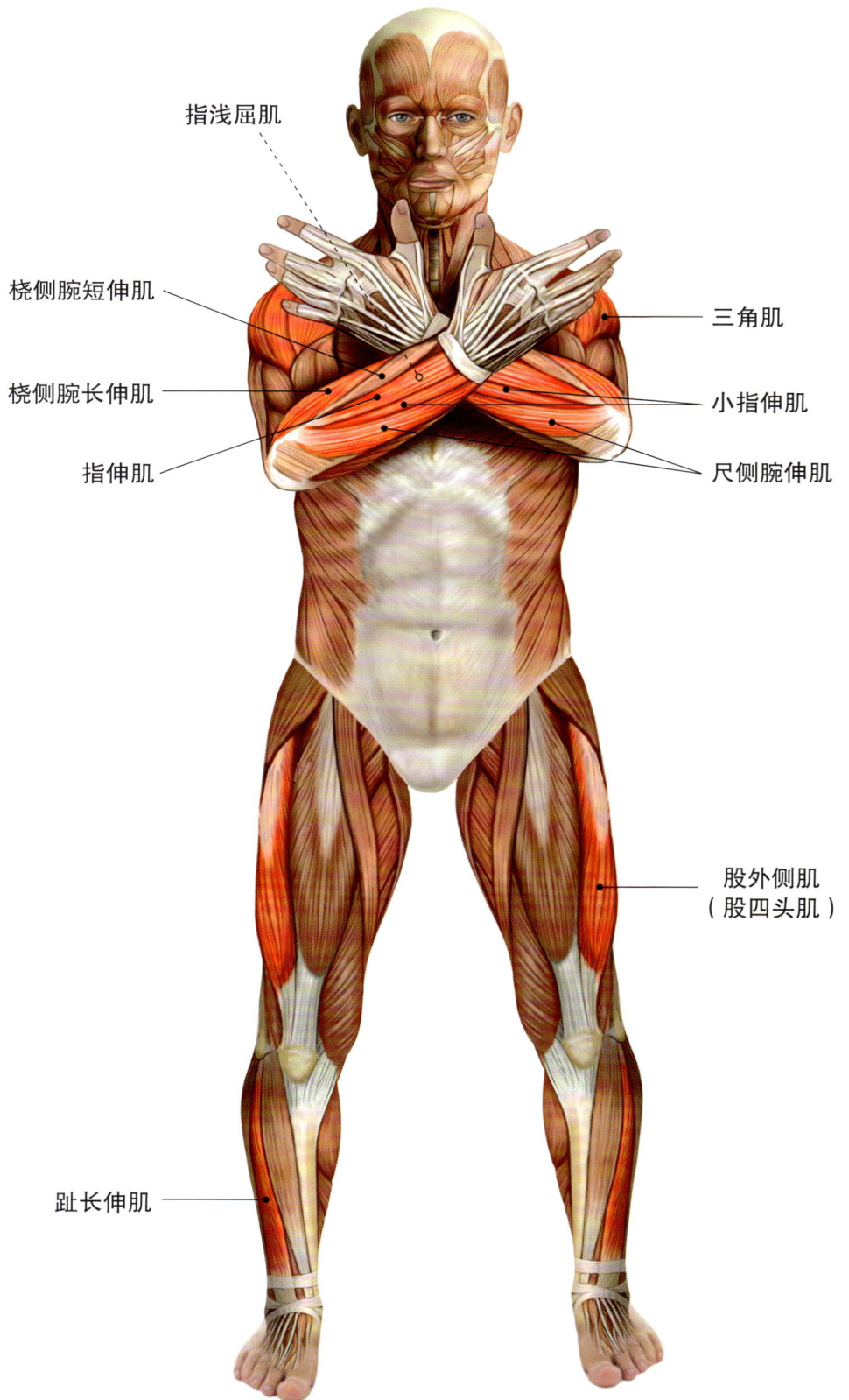

指浅屈肌

桡侧腕短伸肌

桡侧腕长伸肌

指伸肌

三角肌

小指伸肌

尺侧腕伸肌

股外侧肌
（股四头肌）

趾长伸肌

1 　接上式。

2 　身体后坐，重心逐渐移至右腿。

3 　左脚脚尖内扣，身体向右转。

4 　右手随着转体向右平摆画弧，两臂侧平举，掌心向外。

5 　重心慢慢移至左腿。同时，双手向下经腹前向上画弧。

6 　右脚收回。双手交叉合抱于胸前，腕部与肩同高。右手在外，左手在内，成十字手。

攻防用法

甲　　　乙

甲用双手抓住同样双手交叉的乙的手腕。乙用力打开手臂翻腕解脱甲的控制，并顺势抓住甲的手腕，用力下按甲的双臂。

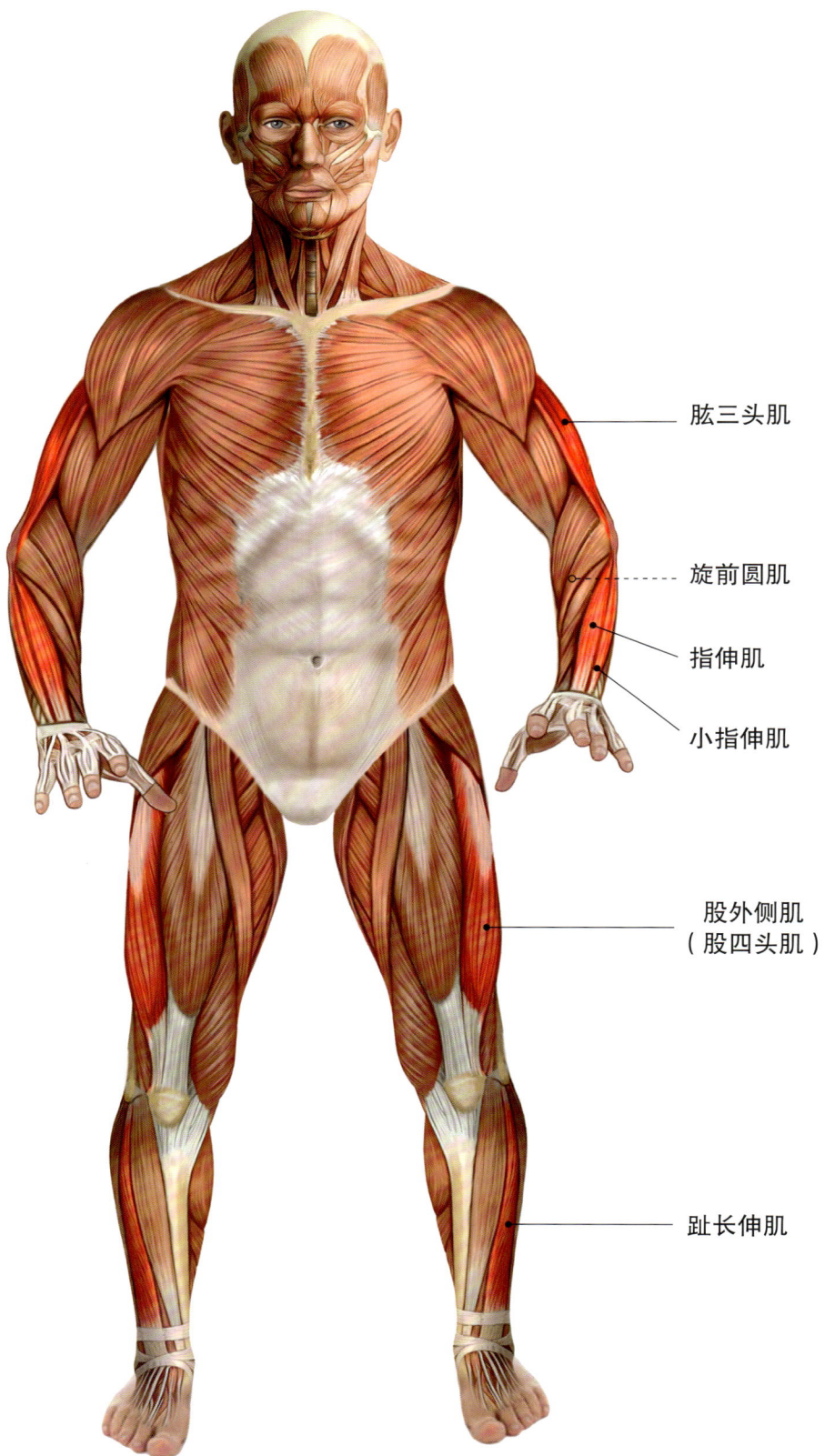

肱三头肌

旋前圆肌

指伸肌

小指伸肌

股外侧肌
（股四头肌）

趾长伸肌

1 接上式。

2 重心落在两腿之间。

3 两手向外翻掌。

4 双手掌心向下。

5 两臂慢慢下落。

6 两臂垂于身体两侧。重心移至右腿，左脚向右脚靠拢，立正还原。

6

推手

单推手

推手训练先从单推手开始。双方成合步，仅同侧手臂相接触。动作要圆活连贯，不用蛮力，用腰部带动双手移动。我们的"根"，也就是脚底必须稳固，身体必须保持直立。双方须不丢不顶，以腰带手，化解对方的力。

这里我们简述平圆单推手和立圆单推手。

平圆单推手

甲乙双方向前伸出右手，右臂稍屈，双手手腕相叠。乙将整个身体推压向甲的左肩。甲向右转体，通过将重心向后移动来化解乙的推力，改变

甲　　　　乙

立圆单推手

这个动作的外形有点像老式蒸汽机车的运动。甲乙右手腕背部相贴。乙用掤劲承接甲的来劲，顺势向右转体将重心稍后移，将甲的右手引向自己头部右前侧，使其落空，并顺势把手置于甲的手腕上，向下绕弧切按，随即重心前移，手指插向甲的

甲　　　　乙

乙的劲力方向，随即顺势用右掌向前平推乙。乙向右转体，将重心转移到右腿，用右手向右引乙的右手，使其劲力落空。然后双方回到起始姿势，循环练习。

腹部。甲用掤劲承接乙的来劲，转髋，重心转移到右腿，右臂顺势回收，使乙的劲力落空，然后向上向前掤住乙的右臂，重复之前的动作。本侧做完后，换对侧，要领相同，唯左右相反。

双推手

双推手与单推手的原则相同。所不同的是，双推手时双方手臂全部参与其中。双推手的变化要比单推手复杂，对全身的配合有更高的要求。

这里我们介绍平圆双推手和立圆双推手。

平圆双推手

甲乙双方右手向前上掤，臂微屈，手背相贴，手腕交叉相搭。左手扶于对手的肘部。乙将重心移到右腿，推甲。甲以右臂用掤劲承接甲的劲力，同时向右转髋，重心后移，用右臂将乙的劲力向右、

乙　　　　　甲

立圆双推手

甲乙双方右臂微屈，手背相贴，手腕交叉相搭。甲的左手向乙的面部伸插，仿佛要打乙一记耳光。乙将重心转移到右腿上，身体微微右转，用左臂按甲的右臂，向下循弧线引带甲的右手至右腹

乙　　　　　甲

向后引，顺势翻右掌按于乙的手腕上，将左手放在乙的右肘上，两手向前向下按。乙后移重心，向右转髋，用右臂向右、向后引化甲的劲力。如此反复，注意沾连粘随，不丢不顶。

前。随后，乙重心前移，将右手循弧线上提，击向甲的面部，甲也做出同样的动作，将重心后移，以右手用掤劲承接乙的来势。双方可以随时改变推手的方向，感受力的变化。

自我按摩

我们在本书的末尾介绍一些自我按摩的方法。这些按摩动作可以在活动关节之前进行，以达到热身和激活肌肉的目的；也可以在练习结束后进行，以放松身体；抑或在我们完成日常琐事后或晚上休息时进行。

每次习练结束后轻拍腿部来放松

一套完整的自我按摩涵盖内容广泛，而本书对复杂的按摩方法进行了简化。书中介绍了简单的拍和按的动作，目的是方便大家记住并能在日常生活中使用。若想了解更完整的按摩方法，建议查阅更完整的推拿按摩（中式按摩）或指压按摩（日式按摩）手册。

本章主要介绍了面部、颈部、躯干和四肢（手臂和腿）的按摩方法。

按摩胸部区域以缓解胸部的压力和紧张情绪，并促进腹式呼吸

搓揉颈部可以使该区域发热，并为拉伸做好准备

面部

由于一些经络的起点或终点位于面部，因此任何搓揉或按压都会直接或间接地影响这些经络。我们可以搓揉整个面部，再搓揉前额、鼻子两侧和唇周，可以用小指按压眼角和鼻翼。

颈肩

我们可以依次按摩颈部前面、两侧、背面，也可以用拳头捶敲肩部，用手指捏提颈部肌肉，使颈肩放松。

躯干

躯干分为正面和背面。正面，我们主要按摩胸部区域和腹部区域，主要使用揉法；背部，我们专注于按摩肾脏区域，并在手可以够到的范围内捶敲。

四肢（手臂和腿）

按摩四肢的手法主要是摩、拍和揉3种。

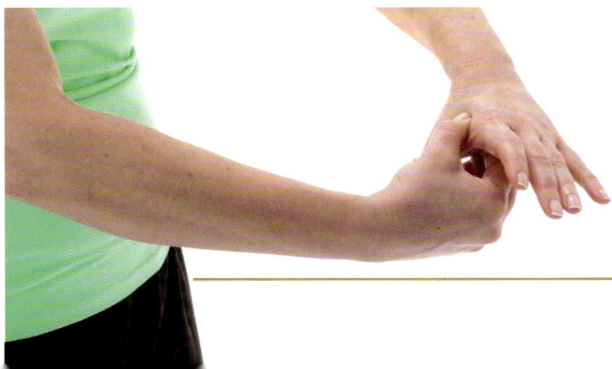

自我按摩面部

首先，用力搓掌至掌心发热。接下来，像用水洗脸一样搓揉整个面部，接着两手交替搓揉前额区域。然后，用双手同时按压鼻子两侧，最后用示指和中指按压嘴唇上部，用环指和小指按压下唇下方。

将小指放在眼角，让头部的重量落在这两个点上，不要用力按压。鼻孔外下方的按摩同上。

也可以用示指和中指按揉太阳穴。

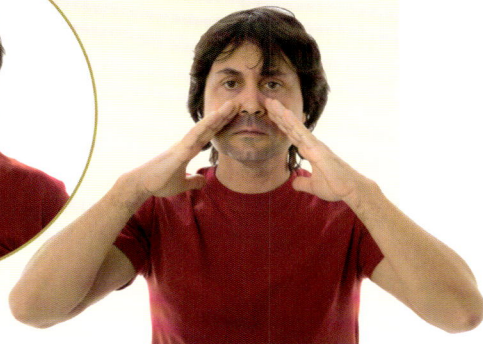

自我按摩颈部

　　双手对搓至掌心发热，推揉颈部的前面和侧面。两侧交替推揉，先推揉一侧，然后推揉另一侧。再推揉后颈，然后轻轻捶敲肩部、颈部和斜方肌的整个区域，捶敲的力度必须适宜并且手腕要放松。

自我按摩躯干

　　双手对搓至掌心发热，自颈部下方直至腹部，双手从上到下交替按摩。在腹部做顺时针按揉，从小圈开始，逐次扩大圆圈的范围。

　　在背部，我们可以用双掌环形摩擦肾脏部位。随后用手背轻敲肾脏部位和背部（手臂能够够到的位置）。手腕要放松，不要造成身体损伤。

自我按摩手臂

　　用手拍打另一侧手臂，从手指到肩部都要拍到。可以先从肩部开始，向下延伸到手指，再翻转手臂，从手指到肩部拍打手臂内侧。然后，放松手腕，握拳，按照上述顺序轻轻敲击手臂。最后，沿着手臂经络路线揉捏手臂。

　　按压大肠经上的合谷穴，可治疗一些急性疼痛。合谷穴大约位于拇指根部和示指根部之间（虎口）的压痛点处。

自我按摩腿部

　　腿部按摩有多种手法。在热身之前，我们可以揉捏腿的后侧直至足部，再揉捏腿的内侧直至腹股沟。也可以用拳头（空心拳）敲击腿，从上到下，或者是从前到后。最后，用双手握住腿用力搓。

8

后记、参考文献和致谢

后记

当我被问及是否可以写一本关于解剖学和太极拳的书时，我最开始的答案是否定的，因为太极拳这项运动不可能与其他运动（如体操、健美操等）放在同一层面上来看。与太极拳不同的是，其他运动特别强调外在动作，肌肉在这些运动中的表现非常明显。然而，在后来的反思中，我决定接受这一挑战，从太极拳定式时肌肉的状态入手，来解释这门鲜为人知且研究甚少的艺术。

习练健身气功或太极拳时，肌肉突出的特征是原动肌和拮抗肌的联合作用。原动肌通过收缩产生力量来产生运动；拮抗肌是与原动肌作用方向相反的肌肉，它们可充当控制器，阻止过度的关节运动，而过度的关节运动会导致损伤。当我们习练健身气功或太极拳时，会以温和、平衡的方式锻炼这两类肌肉群。

本书的目的是强调健身气功和太极拳定式时的部分肌肉所做的工作。当然我们也借此机会揭示这种内功所涉及的不同方面，以便读者对健身气功和太极拳有一个清晰和完整的了解。

太极拳是一门以实践为主的学科，因此本书的结构就像一堂课一样，从热身阶段开始（活动关节和拉伸），然后练习健身气功、站桩、套路，与伙伴推手，然后用自我按摩来结束课程。虽然本书用文字、图片和视频介绍了太极拳的动作，但我还是建议学习者寻找一位合格的老师来指导并促进学习。

鼓足勇气、充满耐心、付诸实践！

大卫·柯托

- Bunnag, Tew. El arte del T'ai Chi Ch'uan. Meditación en movimiento. Los libros de la liebre de marzo, 3.ª ed., Barcelona, 1995.

- China Sports Magazine, (comp.). Los prodigios del Qigong. Mandala Ediciones, Madrid, 1989.

- González, Sebastián. Los 8 capítulos del Tai Chi Chuan. Editorial Alas, Barcelona, 1999.

- González, Sebastián. Las 9 perlas del Chi Kung. Editorial Alas, Barcelona, 1996.

- Tang, C.S. El camino del Yiquan. (Trad.) Sebastián González. Editorial Alas, Barcelona, 2008.

- Tang, C.S. El misterioso poder del Xing Yi Quan. (Trad.) Sebastián González. Editorial Alas, Barcelona, 2010.

- Man-ching, Cheng. Tai Chi Chuan (El arte de la armonía). Colección "El antiguo sendero", dirigida por Lorenzo Galbiati. Editorial Ahimsa, Valencia, 2000.

- Reid, Daniel. Los tres tesoros de la salud. Ediciones Urano, Londres, 1993.

- Zhongwen, Fu. Tai Chi Chuan. Manual del estilo Yang. Ediciones Tutor, Madrid, 2008.

- Versión española de la traducción inglesa de Louis Swaim, del texto original chino Yang Shi Tai Ji Quan. Universidad de California, Berkeley, 2006.

致谢

我要特别感谢我的师傅塞巴斯蒂安·冈萨雷斯（Sebastián González），他指导我学习太极拳这门艺术，没有他就不可能有这本书。

感谢太极拳教练和我的朋友伊莎贝尔·罗梅罗（Isabel Romero），感谢她的参与和合作。还要感谢经验丰富的物理治疗师和健身气功教练努里亚·科勒尔（Nuria Coral），感谢她分享了她的解剖学知识。

感谢玛丽亚·费尔南达·卡纳尔（María Fernanda Canal）的协调，感谢米里亚姆（Miriam）和托尼（Toni）的精美插图与设计，感谢摄影师塞尔希（Sergi）和琼（Joan）的耐心和出色的工作，感谢 Paidotribo出版社使本书得以问世。

感谢我的女儿玛丽娜（Marina）帮助我搜索资料，感谢我的父亲阿格米（Argemí）和我的母亲娜蒂（Nati）一直以来对我的支持。